챗GPT로

데이터 분석 가로채기

기초 분석부터 보고서 작성까지

| 박경하 저 |

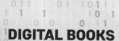

DIGITAL BOOKS
디지털북스

챗GPT로
데이터 분석
가로채기
기초 분석부터 보고서 작성까지

| 만든 사람들 |

기획 IT · CG 기획부 | **진행** 김창경 | **집필** 박경하
표지 디자인 원은영 | **편집 디자인** 이기숙

| 책 내용 문의 |

도서 내용에 대해 궁금한 사항이 있으시면,
디지털북스 홈페이지의 게시판을 통해서 해결하실 수 있습니다.

디지털북스 홈페이지 : www.digitalbooks.co.kr
디지털북스 페이스북 : www.facebook.com/ithinkbook
디지털북스 카페 : cafe.naver.com/digitalbooks1999
디지털북스 이메일 : djibooks@naver.com
저자 이메일 : pokoh@naver.com

| 각종 문의 |

영업관련 djibooks@naver.com
기획관련 djibooks@naver.com
전화번호 (02) 447-3157~8

어느 날 회사 동료 4명과 퇴근 후 술자리를 가졌다. 술값은 모두 한 사람이 결제하고 다음 날 공평하게 나누기로 했는데, 1명의 퇴근 시간이 예정보다 늦어져 중간에 합류한 탓에 막상 돈을 나누려고 하니 애매한 부분이 있었다. 그래, 챗GPT를 이용해 보자!

4명이 함께한 술자리가 있었는데 돈을 공평하게 나누고 싶어.
몇 가지 조건을 줄게.
1. 금액이 총 89,000원이 나왔는데 6시 30분에 시작해서 9시 40분에 끝났어.
2. 그런데 1명이 8시에 와서 9시 40분까지 있었고 나머지 3명은 6시 30분부터 9시 40분까지 있었어. 그러면 술값을 어떻게 내야 늦게 온 1명이 많이 내지 않게 될까?

ChatGPT

늦게 온 사람이 많이 내지 않도록 하기 위해, 시간을 기준으로 술값을 공평하게 나누는 방법을 생각해 보겠습니다. 이 경우, 각 사람이 술자리에 있었던 시간을 고려하여 비용을 나누는 것이 좋습니다.

1. 각 사람이 술자리에 있었던 시간을 계산합니다.
• 3명은 6시 30분부터 9시 40분까지 있었으므로, 총 3시간 10분 = 190분
• 1명은 8시부터 9시 40분까지 있었으므로, 총 1시간 40분 = 100분

2. 총 참석 시간의 합을 계산합니다.
• **3명의 총 참석 시간** : 3명 * 190분 = 570분
• **1명의 참석 시간** : 100분
• **전체 참석 시간 합계** : 570분 + 100분 = 670분

3. 각 사람이 부담해야 할 금액을 계산합니다.
• 총 금액 89,000원을 총 참석 시간인 670분으로 나눠 1분당 비용을 구합니다.
  1분당 비용 = 89,000원/670분 ≈ 132.84원

4. 각 사람의 부담금을 계산합니다.
- **3명은 각각 190분씩 있었으므로** : 190분 * 132.84원/분 ≈ 25,240원
- **1명은 100분 있었으므로** : 100분 * 132.84원/분 ≈ 13,284원

따라서, 각 사람이 부담해야 할 금액은 다음과 같습니다.
- **6시 30분부터 9시 40분까지 있었던 3명** : 각각 25,240원
- **8시부터 9시 40분까지 있었던 1명** : 13,284원

챗GPT의 답변 내용을 캡처해서 동료들과의 단체방에 공유했더니 이런 반응이 왔다.

"경하 실장님 가정생활이 궁금하네요 갑작"

"거리감이 느껴지는군요…."

"회계도 이렇게까진 하지 않습니다."

지탄을 받았다. 결국 챗GPT가 알려 준 방법 대신 '공평하게' 나눴다. 이 이야기가 주는 교훈이 있다.

1. 과한 분석은 오히려 반감을 불러일으킨다.

요즘은 '빅데이터 is 코딩'이라는 인식이 만연해서 데이터 분석하면 모두 코딩을 떠올린다. 학교나 아카데미를 통해 받는 교육의 대부분은 데이터를 분석하는 '어떤 기법'인 경우가 많아서 어떤 기법만 알면, 혹은 어떤 코딩 방법만 알면 손쉽게 데이터를 '분석'할 수 있다고 착각하는 경우도 많은 것 같다.

그런데 앞의 예에서 보듯이 목적에 맞지 않는, 즉 '수단만을 위한 분석'은 보는 사람에게 공감을 불러일으키지 못한다. 나의 '헛짓'에 대한 동료들의 싸늘한 반응에서 알 수 있듯이, 데이터 분석의 인사이트는 공감에서 출발한다.

2. 데이터 분석에서는 '변수 세팅'이 매우 중요하다.

데이터 분석에서는 어떠한 **변수**變數, variable를 분석에 활용할 것인가가 매우 중요하다. '변수'라고 해서 낯설게 느낄 필요는 없다. 그냥 '항목'이라고 해도 된다.

술값을 나누기 위해 필자가 활용한 '변수'는 무엇인가? 바로 '시간'과 '금액'이다. 술자리가 진행된 총 시간과 총 금액을 기준으로 술자리에 함께한 참석자들이 머물렀던 시간을 계산해서 비용을 나눴다. 그런데 시간과 금액이 아니라 다른 기준을 적용할 수도 있다.

마신 술이 몇 병인지를 기준으로, "한 병당 소주는 7.5잔 정도가 나오는데 너는 평소 주량이 소주 2.5병이야. 근데 그 자리에는 늦게 왔으니 1.2병 정도를 마셨으니까…." 하는 방식은 어떤가? 안다. 매우 이상하다는 거. 나도 이렇게 살지는 않는다. 그래서 얘기했지 않은가. 과한 분석은 오히려 반감을 불러일으킨다고.

여기서 '시간' '금액' '술병 수' '한 병당 소주 몇 잔'과 같은 기준이 모두 변수이다. 분석할 수 있는 항목을 의미한다. 데이터 분석에서는 주어진 변수 중에서 어떤 변수를 활용할지 결정하는 게 역량이 된다.

그리고 어떤 변수를 활용할지를 포함해서, 어떤 변수를 어떤 분석 기법으로 분석할지 등을 고민하고 결정하는 게 분석가의 시각인 **관점**觀點, Perspective이다. 챗GPT를 활용해 어떤 분석을 할지 명령을 내리는 것이나 코딩Coding을 활용해서 어떤 분석을 할 것인지 결정하고 코드를 짜는 것 모두 '관점'과 연결되어 있다. 이 개념을 잘 이해해야 한다.

3. 챗GPT는 의외로 꽤 많은 일들을 할 수 있다.

2023년 초부터 등장한 챗GPT는 나날이 업그레이드되어 대중 속으로 파고들며 인공지능 시대로의 진입에 가속 페달을 밟고 있다. 데이터 분석 영역도 예외는 아니다. 챗GPT의 등장으로 앞에서 언급한 '데이터 분석 is 코딩'이라는 공식이 점점 무색해지고 있는 게 사실이다.

지금 수준에서 챗GPT가 무엇을 할 수 있고, 무엇을 할 수 없는지를 단정하는 것은 무의미하다. 왜냐하면 챗GPT는 스스로 계속 발전하고 있는 중이니까. 다만, 단정하는 것은 무의미할지라도 가늠해야 할 필요성은 있다. 데이터 분석가를 준비하는 이들이라면 더더욱 챗GPT가 할 수 있는 것을 경험해 봐야 한다. 이 책에는 현직에 있는 나도 놀랄 만큼 챗GPT의 많은 능력이 담겨 있다.

이렇게 3가지 교훈을 담아 펴낸 이 책의 특징은 다음과 같다.

1) 빅데이터는 다양한 종류가 있지만, 이 책에서는 소비자의 검색 동향을 볼 수 있는 '네이버 검색트렌드' 데이터를 다룬다.

- 검색트렌드 데이터는 누구나 자유롭게 접근이 가능해 데이터 분석을 경험하고 훈련하기에 아주 좋은 재료가 될 수 있다.

2) 챗GPT는 유료 버전을 활용했으며, 누구나 쉽게 따라할 수 있도록 다양한 질문 prompt은 물론, 오류 내용까지 세세하게 담았다.

3) 본 책은 4개의 장으로 구성되는데

- **01장**에서는 빅데이터에 대한 '기초 내용'을 담았다.
- **02장**과 **03장**에서는 '실전 데이터 분석 과정'을 담았다.
- **04장**에서는 '분석 보고서를 작성하는 데 필요한 지침'을 담았다.

4) 가장 중요한 **02장**과 **03장**의 '실전 데이터 분석 과정'에는 단순히 여러 분석 기법을 개별적으로 나열하고 설명하는 대신 다음과 같은 내용을 담았다.

① 트렌드 분석 보고서를 작성하는 과정을 큰 줄기로 잡고, 각 과정에 다양한 '분석 기법'과 '이론'을 녹여내어 분석 과정을 체험할 수 있게 했다.

② 따라서 분석 내용은 서로 연결되어 하나의 흐름으로 구성되어 있다.

③ 다만, 한정된 분량에 의해 모든 분석 과정이 세밀하게 포함되어 있지는 않다.

④ 그래서 완성된 최종 분석 보고서 파일을 저자의 SNS 채널에 업로드해 누구나 다운로드할 수 있으니 비교해서 읽어 보면 좋겠다.

최종 보고서 다운로드

(URL : https://brunch.co.kr/@maven/263)

5) 마지막으로, 이 책에서는 일부 내용을 굵은 글씨나 다른 색상으로 표시했다. 이는 시간이 부족할 때 중요한 부분만 빠르게 훑어볼 수 있도록 한 것이니 참고해 주기 바란다.

책에서 글로 설명하는 것을 넘어 최종 분석 보고서 파일까지 별도로 준비한 이유는, 전문적인 데이터 분석 기법을 아무리 배워도 실전에서 사용하기 어려운 이유가,

최종 결과물에 대해 구체적으로 배워 본 적이 없기 때문이라고 생각하기 때문이다.

한 가지 당부할 것은, 데이터 분석은 정말 어려운 주제다.

데이터 종류나 분석 방법, 연구자의 경험이나 접근 방식에 따라 천차만별이라 이 책에서 다루는 얘기는 한정적일 수밖에 없다. 또한 이론이나 분석 기법을 최대한 쉽게 설명하려고 노력하는 과정에서 첨언한 일부 예시나 설명이 과하거나 혹은 부족할 수도 있다.

따라서 이 책은 본격적인 공부에 앞서 기초 개념을 잡는 데 활용하되, 진짜 데이터 분석가가 되고자 한다면 한층 더 방대한 양의 지식을 담아야 할 것이다. 이 책을 통해 여러분이 배워야 할 단 한 가지가 있다면, 데이터를 바라보는 '관점'이다. 그래서 이 책의 곳곳에는 데이터를 대하는 마음가짐이나 태도가 지겹도록 설파되어 있다. 그만큼 중요하다는 것이다.

끝으로, 고마운 분들께

퇴근 후에 온전히 나만의 시간 속에서 책을 쓸 수 있도록 묵묵히 혼자 육아를 도맡아 준 나의 사랑스러운 아내 선민 씨와 곯아떨어진 아침마다 행복으로 깨워 주는 우리 딸 박조이. 여전히 나를 아기로 봐주시는 어머니 유승순 여사님. 귀찮은 내색 없이 조언을 아끼지 않았던 자칭 '방구석 통계인' 동료 재민 그리고 부족한 생각과 글을 책답게 만들어 주신 디지털북스 김창경 기획자님.

덕분에 무사히 책이 서점에 안착할 수 있었습니다. 고맙습니다.

2024년 한여름 밤에,
박경하 드림.

CONTENTS

(03) 실전 데이터 분석 : '데이터랩' 활용하기

CONTENTS

데이터 분석
첫걸음

"코딩은 대량의 데이터를 정제하고 가공하는 데 필요한
기술일 뿐이지, 데이터 분석 그 자체가 될 수는 없다."

지긋지긋한
빅데이터 제대로 알기

빅데이터의 3요소

빅데이터Big Data, 단어 자체의 뜻은 알겠는데(데이터가 크다는 거겠지, 뭐.) 의미나 실체를 모르니 누가 물어볼까 겁난다. 애초에 스펠링(철자)도 외우기 어려운, 처음 본 단어라면 핑계라도 댈 텐데, '빅big'이라는 단어도, '데이터data'라는 단어도 우리에게는 이미 너무 익숙하다. 왜 익숙한 단어끼리의 조합이 이리도 낯설까. 나만 빼고 다 아는 것 같아 속상하다.

차근히 풀어 보자. 포털 사이트에 '빅데이터'라고 검색하면 나오는 세 가지 단어가 있다. 바로 크기Volume, 속도Velocity, 다양성Variety이다. 이 세 가지 단어의 앞 글자를 따서 한 때 "빅데이터의 특징은 3V다!"라는 얘기가 많았는데, 지금은 잘 통용되지 않지만, 이 개념을 통해 알아보자.

인터넷에 늘 등장하는 3V
- 규모의 브이 [Volume]
- 속도의 브이 [Velocity]
- 형태의 브이 [Variety]

▲ 빅데이터의 특징 (3V)

'크기'는 항상 '속도'와 관련이 깊다. 용량만 커졌다고 좋은 게 아니라, 처리 속도가 빨라야 한다. 대형 마트에서 어떤 제품이 가장 많이 팔리는지 알아보는 데 몇 시간이 걸린다면 분석된 결과를 활용하기가 어렵지 않겠는가? 그러니까 빅데이터는 처리 속도가 빨라지는 기술 향상 덕에 유명해진 것이다.

'다양성'은 데이터의 종류가 다양하다는 얘기다. 기존에는 숫자로 된 데이터가 주였는데 이제는 문자text나 이미지image, 동영상 등을 분석할 수 있게 되었다. '숫자'로 된 '정형 데이터Structured Data'가 아닌 다양한 형태의 '비정형 데이터Unstructured Data'가 생긴 것이다.

문자나 이미지, 영상 같은 비정형 정보는 어디에 가장 많을까? 바로 온라인이다. 사람들은 SNS에 실시간으로 다양한 생각과 사진, 영상 등을 업로드하는가 하면, 온라인 쇼핑몰에서 구매 제품에 대한 후기를 남기고, 다른 사람의 글에 '좋아요'를 누르거나 기업이 제공하는 서비스에 대해 별점을 남긴다.

그래서 현존하는 빅데이터의 70~80%는 온라인 환경에서 생성된다는 말이 있다 (나머지 30%인 오프라인 환경에서 생성되는 데이터는 의료 기록, CCTV 영상, 대형 마트 구매 내역, 교통 이용 기록 등이 될 것이다).

빅데이터의 등장 배경

그런데, 왜 이런 새로운 형태의 데이터가 갑자기 등장했을까?

왜냐하면 대용량의 데이터를 다룰 수 있는 기술이 진화했고, 또 보편화되었기 때문이다. 여기서 '진화'와 '보편화'라는 두 단어의 의미를 이해하는 것이 중요한데, 진화는 새로운 기술이 개발되었다는 것이고, 보편화는 그 기술이 누구나 이용할 수 있도록 저렴해졌다는 의미다. 누구에게 저렴해졌을까? 당연히 기업에게.

여기까지 정리해 보면, **빅데이터가 '데이터의 규모'보다 '데이터의 형태'와 더 밀접하다는 것**을 이해할 수 있을 것이다. 그래서 우리가 빅데이터를 한 번에 설명하기 어려운 이유는, **오히려 빅데이터를 단순히 큰big 데이터로만 연상하기 때문**일 확률이 매우 크다.

차라리 '뉴New' 데이터라고 하거나 '네오Neo' 데이터 정도로 불렀다면, '요즘 새롭게 뜨고 있는 데이터 종류'라고 쉽게 이해했을지도 모르는데 말이다. 이제 누군가 한 마디로 빅데이터를 정의해 보라고 하면, 이렇게 대답하자.

'온라인 환경을 중심으로 생성된 새로운 종류의 데이터'라고.

데이터 분석 과정에
대한 이해

데이터 분석은 쪼개는 것!

'분석分析'에서 '분分'은 '나눌 분'으로, 즉 나눈다는 뜻을 가진 한자다. '여덟 팔八'과 '칼 도刀'가 합쳐진 글자인데, '여덟 팔八'자 자체가 이미 칼로 쪼개진 모양과 같다. '석析' 역시 쪼갠다는 의미가 있다. 이 글자 안에는 아예 '나무'와 '도끼'가 들어 있다. 그래서 사전적 의미는 아래와 같다.*

> 「1」 얽혀 있거나 복잡한 것을 풀어서 개별적인 요소나 성질로 나눔.
> 「2」 개념이나 문장을 보다 단순한 개념이나 문장으로 나누어 그 의미를
>   명료하게 함.

데이터 분석은 복잡하게 얽힌 자료를 나누고 쪼개서 자신이 원하는, 혹은 사용하기 좋은 형태로 만드는 모든 과정을 뜻한다. 영어 단어가 가진 의미도 마찬가지다. 분석을 뜻하는 'Analysis'는 라틴어가 어원인데, '풀다' '분해하다' '해방' 등의 의미를 가지고 있다고 한다.

---

*   출처 : 국립국어원 표준국어대사전(https://stdict.korean.go.kr)

데이터 분석 과정 파헤치기!

나누고 쪼개는 데이터 분석 과정을 '아주 거칠게' 그림으로 표현하면 다음과 같다.

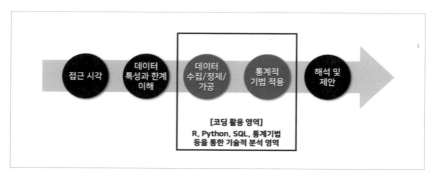

▲ 빅데이터의 분석 과정

- **접근 시각** : "어떤 데이터를 분석하면 당면한 문제를 해결할 수 있을까?"
- **데이터의 특성과 한계 이해** : "이 데이터는 어떤 장점과 단점이 있는가?"
- **데이터 수집/정제/가공** : "쓸만한 데이터로 만들어 보자!"
- **통계적 기법 적용** : "각종 분석 기법으로 멋지게 분석해 주지!"
- **해석 및 제안** : "나만의 의견을 담아 전략과 방향을 제안하자!"

이런 데이터 분석 과정에서 코딩을 활용하는 영역은 '데이터의 수집/정제/가공' 영역과 '통계적 분석 기법 적용' 영역이다. 그 외에 데이터 분석을 위한 '접근 시각' '데이터의 특성과 한계 이해', 마지막의 '해석 및 제안' 등의 영역은 코딩이 필요 없지만, 데이터 분석 과정에서 정말 중요한 부분이다.

분석의 사전적 의미가 '데이터를 쪼갠다'는 거지만, 단순히 쪼개는 기술만 포함되는 게 아니다. **어떻게 쪼갤지를 구상하는 것, 더 앞서는 과연 쪼개질 수 있는 데이터인지를 판단하는 것, 그리고 쪼개진 내용이 분석 목적에 부합하는지를 평가하는 것 등을 모두 포함한다.** 그래서 데이터를 분석한다는 건 단순히 기술의 영역을 넘어, 분석 과정 전체를 종합적으로 바라보는 것이어야 한다.

데이터 분석은 데이터를 다루는 모든 고민의 총합이다. 여기에는 데이터의 구조를 파악하는 것부터 분석 결과를 일목요연하고 전략적으로 정리하는 것까지 모든 과정이 포함된다.

앞서의 '아주 거칠게 표현한' 데이터 분석 과정을 조금 더 세부적으로 정리하면 다음과 같다.

순서	단계	설명
	1. 데이터 분석 접근 시각 설계	
01	무엇을 분석할지 정하기 • "우리 회사에서 진행한 프로모션 성과는?" • "우리 회사 매출이 떨어진 이유는?" • "고객들이 생각하는 우리 회사 이미지는?"	사내 마케팅 부서 등에서 요청하는 경우도 있고, 외부의 다른 기업이 요청하는 경우도 있다. 어떤 회사에 다니는지에 따라 다름
02	분석 목적에 적합한 데이터를 선정하거나 발굴하기	보유하고 있는 데이터로 가능한지, 추가 수집해야 하는 데이터가 있는지 등 확인
	2. 데이터의 특성과 한계 이해	
03	선정된 데이터의 구조나 특성 파악하기	새로운 데이터를 확보해야 할 경우 중요
04	데이터를 수집 가능한지 기술적으로 검토하기	수집 사이트 구조를 파악하며 코드 개발
	3 데이터 수집/정제/가공 및 기초 분석	
05	데이터를 수집하기	수집 기간과 조건 등 범위를 산정해서 수집
06	실제 수집된 데이터 검토하기	분석할 만한 내용이 충분한지 등
07	이런 저런 분석 기법으로 돌려보기	데이터를 '돌린다'는 표현은 '분석한다'는 의미로 현장에서 이렇게 사용. "돌려봐!"
08	기초 분석 결과에 대해 동료들과 의견 주고받기	활용성이나 활용 방향 등을 논의
09	데이터를 정제하고 가공하기	기초 분석을 통해 발견된 불필요 데이터를 정제하거나 쓸 만하게 만드는 과정
	4. 통계적 분석 기법을 적용한 심층 분석	
10	정제하고 가공한 데이터로 다시 이런 저런 분석 기법으로 돌려보기	정제하고 돌리고, 가공하고 돌리고, 다시 정제하고 돌리고, 가공하고 돌리고…. 반복!
11	다양한 분석 결과에서 쓸 만한 내용을 추리기	분석된 모든 데이터가 쓰이지는 않음
12	추린 내용들 중 핵심 전달 내용을 정하기	사람들은 이걸 '인사이트Insight'라고 부름
	5. 보고서 작성을 통한 해석 및 제안	
13	파워포인트를 켜고 분석 보고서를 디자인하기	단순히 '예쁘게'가 아닌, 분석 내용을 가장 잘 전달할 수 있게 디자인하는 게 중요

14	제목/목차/설계/배경/목적/목표 등을 작성하기	데이터 분석 다 하고 쓸 생각하지 말고 미리 써 보는 게 중요
15	보고서에 핵심 내용의 앞뒤로 분석 결과 자료들을 배치하기	사람들은 이걸 '스토리텔링Story Telling'이라고 부름
16	결과 배치 과정에서 논리적으로 부족한 부분에 대해 추가 자료를 찾거나 추가 분석 돌리기	추가 자료를 찾는 건 '데스크 리서치Desk Research'라고 부름
17	보고서의 흐름이 어느 정도 완성되면 각 장마다 제목과 설명, 해석 등 글자 넣기	단순히 결과를 '읽어 주는' 게 아니라 의견을 담는 게 중요
18	결론 작성하기	결론에는 전반적인 요약과 제안이 들어감
6. 보고서 전달(발표) 및 피드백 반영 수정		
19	분석된 내용을 요청한 상대방에게 전달하기	사내 다른 부서가 될 수도 있고, 외부 기업이 될 수도 있음
20	상대방의 피드백에 따라 내용을 수정해 다시 전달하기	• 문장을 수정할 수도 있고, 추가 분석을 진행할 수도 있고, 결론을 수정할 수도 있음 • 이 과정이 가장 힘듦. 또 생각보다 오래 걸릴 수도 있음. 이 과정에서 진짜 인사이트가 나올 수도 있음
21	더 이상 수정 사항이 없다면 드디어 완료하기	

▲ 데이터 분석 과정 상세 소개

그런데 이렇게 단계별로 정리는 했지만, 실제로는 반드시 순서에 따라 일이 진행되는 것은 아니다. 심층 분석을 하다가 결과가 신통치 않으면 다시 정제나 가공 단계를 거치기도 하고 추가 데이터를 수집하기도 한다. 데이터 분석 과정은 결국, 각 단계를 수시로 넘나들며 반복적인 수행을 거쳐 겨우 결론에 도달하는 과정이다.

근데 왜 다
'코딩, 코딩' 하는 거야?

영어 열풍과 닮은 '코딩 열풍'

요즘은 정말 코딩Coding 열풍이다. 취업 전선에 있는 대학생들은 물론이고 초등학생들과 유치원생들도 코딩 조기 교육을 받는다고 한다. 그런데 '코딩Coding'이라는 게 도대체 뭘까?

코딩은 'Code'와 '-ing'가 합쳐진 단어다. 코드Code는 '암호'라는 뜻을 가지고 있는데, 예를 들면 우리가 흔히 접하는 '바코드Bar Code'는 '긴 Bar 형태로 된 암호'라는 뜻이다. '~ing'는 '~하는 중'으로 해석되지만, '~하는 것'이라는 의미도 있어서, 합치면 '코드를 가지고 무언가를 하는 것'이라는 의미를 갖는다. 'Reading(읽는 것, 독서)' 'Cooking(요리하는 것, 요리)'처럼 말이다.

코딩은 컴퓨터와 대화하는 데 필요한 '언어Language'다. 그리고 컴퓨터는 똑똑해서 여러 가지 언어를 구사할 수 있다. 똑똑하지만 또 까다로워서 여러 가지 언어를 마구잡이로 사용하는 게 아니라 특정 상황마다 사용할 수 있는 언어가 구분되어 있다. 예를 들어 A 코드는 주로 프로그램을 개발할 때 사용되고, B 코드는 데이터를 분석할 때 주로 사용된다. 그리고 또 어떤 언어는 프로그램 개발과 데이터 분석을 모두 할 수 있다. 그래서 프로그램 개발자의 코딩과 데이터 분석가의 코딩은 다르다. 심지어 빅데이터를 다루는 분석가들끼리도 서로 사용하는 코딩이 다른 경우도 있다.

외국어랑 비슷하다고 생각하면 된다. 어떤 사람은 영어를 하고 어떤 사람은 중국어를 하고, 어떤 사람은 일본어를 하고, 어떤 사람은 2개 국어, 3개 국어까지 가능하다.

그런데 왜 우리는 컴퓨터와 대화를 해야 할까? 아니, 좀 더 근본적인 질문을 던져보자. 컴퓨터로 대화를 하면 게임도 만들 수 있고, 웹사이트도 만들 수 있다는 것은 알겠다. 그런데 우리는 게임을 만드는 사람도 아니고 웹사이트를 만드는 사람도 아니고 데이터를 분석하는 사람도 아닌데, 왜 우리까지 코딩을 배워야 한다고 이 난리인 걸까?

생각해 보면 예전에 영어 열풍이 불었을 때도 그랬다. 미국에 가서 살 것도 아닌데 왜 내가 영어에 대한 스트레스를 가져야 할까? 나이가 들고 알았지만 꼭 미국에 가서 살지 않더라도 영어를 잘 하면 얻게 되는 기회가 참 많다. 아니, 정확하게는 많이 생겼다. 어릴 때 영어를 배울 때는 그런 직업이 있는지도 그런 기회가 있는지도 몰랐는데 세상이 변하고 나니 영어 하나만 잘 해도 할 수 있는 직업과 기회가 많아진 게 보였다.

코딩을 배워서 지금 당장 뭐가 좋냐고 묻는다면, 어찌어찌 대답이야 하겠지만, 다소 한계가 있을 것 같다. 아마 지금 보이는 세상에서는 코딩의 필요성이 와닿지 않을 수도 있다. 그런데 코딩이 필요한 직업들이 조금씩 생기고 있는 것은 사실이다. 그리고 그런 직업들은 점점 많아질 것이다. 그래서 **코딩 열풍은 당장의 '실체'보다는 미래의 '기회'에 더 가깝다.**

그렇다고 코딩 조기교육이 필요한가에 대해서는 솔직히 의문이 든다. 가끔씩 영어 단어를 무조건 외우라는 식의 교육보다 영어를 왜 해야 하는지 납득시켜 줬다면 좋지 않았을까 생각이 들 때가 있다. 지금의 코딩도 마찬가지다. 코딩 자체를 무작정 종용하기보다 코딩으로 바뀔 수 있는 세상을 설명해 주는 과정이 필요하지 않을까?

데이터 분석에 필요한 코딩 종류

데이터 분석을 위한 코딩을 배운다고 하면 보통 Python파이썬, R알, SQL에스큐엘 3가지 언어를 많이 얘기한다. 그런데 데이터 분석 관점에서 보면 Python과 R은 사용성이 비슷한데 비해, SQL은 데이터베이스Database, DB에 저장된 데이터를 주로 다룬다는 면에서 차이가 있다. 데이터베이스는 데이터를 저장하고 관리하는 시스템이다. 데이터의 '베이스캠프'라고 이해하면 쉬울 것이다.

방대한 양의 데이터가 개인 컴퓨터Local Computer가 아닌 데이터베이스에 들어가 있으면, 데이터베이스에 접속해서 데이터를 조회하거나 수정해야 한다. 바로 이때 사용되는 언어가 SQL Structured Query Language이다. 참고로 가운데 'query'는 '질문'이라는 사전적 의미가 있는데, 코딩에서는 '명령문'이라는 의미로 사용된다.

데이터베이스에 데이터가 들어가 있다는 얘기는, 회사가 자체적으로 데이터를 가지고 있다는 의미다. 쇼핑몰을 운영하는 회사나 게임 회사 등은 방대한 양의 소비자 데이터를 가지고 있어서 데이터를 분석할 때 반드시 SQL을 사용해야 하는 경우가 대부분이다. 그러니까 모집 공고에서 SQL을 강조하고 있다면 "우리 회사는 데이터를 많이 가지고 있어서 데이터베이스를 사용하기 때문에 데이터 분석은 주로 SQL을 사용한다."라는 의미이다.

파이썬과 R 코드는 주로 개인 컴퓨터에 저장된 데이터를 분석할 때 많이 사용된다. 분석하는 입장에서 파이썬과 R의 차이는 크지 않다. 경험상 예전에는 R을 공부하는 사람이 많았는데 지금은 파이썬이 대세다. 파이썬은 프로그램 개발과 데이터 분석에 범용적으로 사용되는 컴퓨터 언어라서 늘 인기가 많다.

범용성이 중요한 건 분석가와 개발자가 동일한 언어로 소통할 수 있기 때문이다. 최근에는 회사마다 솔루션 개발에 대한 수요가 많아져서 데이터를 분석만 하고 끝나는 게 아니라 분석 기법을 적용한 솔루션을 개발해야 하는 이슈도 있어서 서로 다른 언어를 사용하는 것을 피한다.

또한 파이썬은 웹에 게시된 정보, 그러니까 쇼핑몰 댓글이나 언론 기사 내용 등을 수집할 때 주로 사용되는데 이를 웹 스크래핑Web Scraping, 또는 웹 크롤링Web Crawling이라고 부른다.

필자는 강의를 할 때 파이썬을 영어로, R을 일본어로 종종 빗대어 설명한다. 영어는 우리나라 말과 어순이나 단어 등이 아예 달라서 배우기는 어렵지만, 일단 배우고 나면 전 세계 어디를 가든 대체로 소통할 수 있다는 자신감이 생긴다. 반면에, 일본어는 우리나라와 같은 한자 문화권에 속해 있어 일부 비슷한 발음의 단어도 있고 어순도 비슷해서 배우기는 쉽지만, 일본에서만 제한적으로 쓸 수 있다는 단점이 있다.

만약 데이터 분석을 위해 코딩을 처음 배우고자 한다면, 범용적인 파이썬과 데이터베이스 용으로 활용되는 SQL을 추천한다.

언어	특징
Python	• 웹 개발, 소프트웨어 개발, 데이터 분석, 머신러닝 등에 범용적으로 활용 • 간결하고 명확한 문법 덕분에 초보자도 쉽게 배울 수 있음 • 특히 웹에 있는 정보를 수집할 때 용이
R	• 통계 분석에 특화된 언어로 다양한 통계 함수와 모델이 내장되어 있음
SQL	• 데이터베이스 관리 시스템에서 데이터를 조회, 삽입, 업데이트, 삭제 등 가능

▲ 챗GPT가 설명해 주는 Python, R, SQL의 특징 비교

코딩과 데이터 분석의 관계

그런데, 코딩을 잘하면 데이터 분석을 잘할 수 있을까? 절대 그럴 리 없다.

예를 들어, 맞춤법을 잘 알면 글솜씨가 좋을까? 영문법을 잘 알면 영어 대화에 능숙할까? 파워포인트의 숨은 기능을 잘 알면 보고서를 잘 쓸까? 맞춤법과 영문법, 파워포인트를 잘 알고 있는 것은 글을 잘 쓰고 영어로 대화를 하고 보고서를 잘 쓰는 데 필요한 조건이지만, 충분조건은 될 수 없다.

그런데 여전히 코딩만을 중점적으로 가르치는 곳이 많다. 동일한 규격의 데이터를 제공하고 그 데이터를 분석할 수 있는 코딩을 가르친다. 2016년 알파고가 파생시킨 AI 붐 이후 빅데이터와 4차 산업혁명이 대중적인 용어로 자리 잡기 시작하면서 수많은 교육 기관들이 생겨났고, 과거의 '영어 is 문법'이라는 교육 방식을 답습해 '빅데이터 is 코딩'이라는 방식을 낳았다.

하지만 **회사에 취직하면 '정제되지 않은 데이터'와 마주할 확률이 매우 높다.**

잘 정제되고 가공된 데이터는 몇 가지 코딩을 적용하면 그럴듯한 결과를 뽑아 주지만 현실은 그렇지 않다. 어떤 데이터를 봐야 할지부터 당장 내 앞에 놓인 데이터를 어떻게 하면 분석이 잘 되게 바꿔놓을 수 있는지 하루 종일, 아니 몇 날 며칠 머리를 싸매는 게 데이터 분석가의 일이다.

그래도 어떻게든 데이터만 다듬어지면 배웠던 코드를 활용해 멋진 결과를 뽑아낼 수 있을 줄 알았는데, 내 코드는 오류투성이다. 결국 어찌어찌 결과물을 내더라도 "그래서 결과가 뭔데? 하고 싶은 얘기가 뭐야?"라는 다그침을 받을 뿐이다.

코딩은 대량의 데이터를 정제하고 가공하는 데 필요한 기술일 뿐이지, 데이터 분석 그 자체가 될 수는 없다.

예전에 어떤 교수님께서 해 주신 말씀이 있다.

> "코딩은 정의된 문제를 해결하는 것이다.
> 어떤 문제를 해결할지 정의하는 것은 언제나 개인이 풀어야 할 과제다.
> 정의된 문제를 누구보다 빠르고 효과적으로 풀어 내는 것이 '기술'의 몫이라면, 어떤 문제를 해결할지 정의하는 것은 '해석'의 몫이다."

결국, 데이터 분석가는 이 두 가지를 다 가지고 있어야 한다.

그래서 다음 절에서는 데이터 분석가에게 필요한 역량에 대해 살펴보려 한다.

빅데이터 분석에 필요한
4가지 역량

빅데이터 분석가에게 필요한 역량은 크게 '기술적 역량'과 '해석적 역량'으로 나뉜다.

▲ 빅데이터 분석에 필요한 4가지 역량

기술적 역량 : 통계 지식

기술적 역량은 데이터를 정제하거나 가공하고 분석하는 데 필요한 기술skill을 의미하며, 그 중 두 가지가 '코딩'과 '통계'다. 코딩은 앞서 충분히 설명했으니 이 장에서는 '통계'에 대해서 이야기해 보자.

요즘 데이터 분석을 배우는 분들은 코딩과 통계를 함께 배우는 경우가 많다. 좀 더 정확하게는 데이터 분석을 코딩으로 하기 때문에 코딩을 배우면서 자연스럽게 통계적인 이론을 익히는 것이다. 그런데 예전에는 지금처럼 빅데이터가 유명하지 않아서 전공자가 아니면 코딩을 배우려는 사람이 거의 없었고, 데이터 분석을 하는 데 코딩이 필요하지도 않았다. 그런데 그 시절에도 통계는 반드시 필요해서 필자는 회사를 다니면서 독학으로 통계를 공부했다.

사회생활을 하기 전까지 수학에 전혀 관심이 없던 필자가 밥벌이를 위해 통계를 배우려니 얼마나 막막했겠는가. 그때는 지금처럼 아카데미나 온라인 강의가 많지도 않았다. 있었다고 해도 야근을 밥 먹듯이 하는 신입 사원이 회사에 다니면서 외부 강의를 듣는 것은 거의 불가능했다.

책도 사서 보고 통계 커뮤니티에 가입해 활동도 해 봤다. 하지만 모두 어려운 얘기뿐이라, 기초 용어 하나도 습득이 안 되어 있는 비전공자가 따라가기에는 한계가 있었다. 그래서 선택한 방법은 '통계'라는 단어가 무엇을 의미하는지부터 하나씩 알아보자는 것이었다.

'통계'는 '거느릴 통統'과 '셀 계計', 즉, '합쳐서 계산한다'는 의미다.

통계의 의미를 알고 난 뒤에는 아무도 가르쳐주지 않는 '변수' '함수' 등의 의미를 이해하려고 애썼다. '변수變數, variable'는 '변하는 수'이다. 영어로 보면 뒤에 '-able'이 붙었으니 '변할 수 있는 수'라는 게 더 맞을지도 모르겠다.

그런데 변수는 그냥 '항목'이라고 이해하는 게 더 쉽다. 애초에 '변한다'는 의미가 더 혼란을 초래한다. 변한다는 의미보다는 오히려 '다양하다'라는 의미가 더 적합하다. 사람의 키도 변수이고 사람의 성별(남, 여)도 변수이다. 즉 변수가 숫자일 수도 있고 글자일 수도 있기 때문에 '숫자나 글자로 변할 수도 있는 자료'라는 것이다. 그렇다면 차라리 '숫자나 글자 등 다양하게 표현되는 자료'가 더 잘 이해되지 않는가?

내친김에 '함수'도 살펴보면, 사전적 정의는 다음과 같다. "두 개의 변수 x, y 사이에서, x가 일정한 범위 내에서 값이 변하는 데 따라서 y의 값이 종속적으로 정해질 때, x에 대하여 y를 이르는 말. y가 x의 함수라는 것은 $y=f(x)$로 표시한다." 너무 어렵다.

'함수'의 '함函'에 '포함하다'의 의미가 있다. 그래서 '상자'라는 의미가 있고, 지금은 없어졌지만, 결혼식 전에 "함 사세요~"할 때의 '함'이 이 함(상자)다. 그러니까 이 안에 무언가를 넣으면, 다른 결과가 나온다고 해서 '함수'라고 한다는 건데, 영어로 보면 'Function'이다. '기능하다'의 의미를 갖는다. 간단하지 않은가. 그래서 f(x)의 f가 이 function이다. 괄호 안에 x는 어떤 값을 넣으라는 말이고, 그러면 y가 된다는 말이다.

필자가 통계를 배운 출발은 여기였다. 통계를 인문학처럼 접근해 공부했다. 데이터 분석가의 필요 역량을 얘기하면서 군이 어떻게 통계를 공부했는지에 대한 경험을 길게 얘기한 이유는, 통계를 깊게 공부하려는 노력이 필요하다는 것을 강조하기 위해서다.

앞서 얘기했지만, 요즘은 코딩을 배울 때 통계를 함께 배우기 때문에 통계만 별도로 깊게 공부하는 일은 많이 없는 것 같다. 하지만 통계를 자세히 알아야 남들과 다른 코딩이 가능하다. 코딩을 배우는 건 다 똑같지만 통계를 깊게 공부하는 일은 많이 없기 때문에 통계에 대한 공부를 열심히 하면 분명히 데이터를 더 잘 이해하고 다룰 수 있게 될 것이다.

지금은 변수, 함수 정도라서 군이 저렇게까지 깊게 파고들 필요가 없다고 건너뛸지도 모르겠지만 상관 분석, 회귀 분석 같은 고급 분석을 익혀야 할 때 기초 지식이 없으면 매우 난감해질 것이다.

그냥 분석 코드만 알면 된다고 생각했다면 큰 오산이다. 엔터([Enter↵])만 쳐서 결과물이 나오고 그 결과물을 누구나 박수로 맞이한다면 데이터 분석가라는 직업이 지금처럼 주목을 받지 못했을 것이다.

해석적 역량 : ① 문서 작성 능력

해석적 역량은 데이터를 읽고 이해하며 나의 견해를 덧붙이는 능력인데, '문서 작성 능력'과 '마케팅'에 대한 이해가 필요하다.

'문서 작성 능력'은 두 가지로 나뉠 수 있는데, 하나는 '문서 작성 툴을 잘 다루는 능력'이다. 파워포인트, 워드, 엑셀, 한글 같은 문서 작성 툴을 잘 다뤄야 자신이 하고 싶은 이야기를 효과적으로 전달할 수 있다.

데이터 분석가가 분석만 잘 하면 되지, 왜 문서 디자인까지 신경 써야 하냐고 발끈

하는 분들이 더러 있다. 그런데, **우리가 데이터 분석 결과를 설명해야 하는 대부분의 상대는 데이터 분석에 전무한 분들이다. 그들에게 설명할 때는 그들의 언어나 문법 그리고 방식에 맞춰야 한다.**

코딩 방법, 통계 용어를 일일이 설명하는 대신 그들에게 **직관적인 시각 자료를 전달해 줘야** 한다. 빅데이터가 대중적인 인기를 끌면서 제일 먼저 어떤 분야가 급부상했는지 아는가? '시각화Visualization'다.

'문서 작성 능력'의 나머지 한 가지는, 그야말로 '문서를 잘 작성하는 능력'이다. 문서를 잘 쓴다는 건 여러 가지 의미가 있지만, **문서의 구성을 잘 만들 줄 알아야** 한다는 것이다. 문서의 흐름, 즉 스토리텔링Story Telling이 있어야 하고, 적절한 단어나 용어의 쓰임새도 중요하고 간결한 문체도 중요하다.

또 배경과 목적, 목표를 구분해 쓸 줄 아는 것도 중요하다. 흔히 배경, 목적, 목표는 문서의 내용이 다 완결되어야 작성할 수 있는 것이라고 생각하는 경우가 많은데, 실제로는 반대다. 이 세 가지를 적을 수 없으니 완결 짓기가 어려운 것이다. 머릿속에 구조가 잡혀 있지 않을 테니.

예전에 어떤 대학교에 강의를 갔더니 교수님이 배경, 목적, 목표를 작성하는 게 얼마나 필요한 일인지 아이들에게 꼭 설명해 주면 좋겠다고 당부하셨다. 데이터 분석 강의를 하는 곳에서의 요청치고는 너무 이례적이라 잠깐 놀라기는 했지만 생각해 보니 이해가 갔다. 실제로 회사에서도 필자는 이 세 가지를 가장 먼저, 그리고 가장 많이 강조하는 편이다. 이렇게.

"워드 한 장에 배경 3줄, 목적 3줄, 목표 3개를 적지 못하면 데이터 분석을 시작조차 하지 말라."

해석적 역량 소개 : ② 마케팅에 대한 이해

해석적 역량의 두 번째 역량은 '마케팅에 대한 이해'다. 이 얘기를 하면 보통 "나는 마케팅 관련 종사자가 아닌데…."라고 한다. 그런데 필자가 **마케팅 공부를 강조하는 이유는, 마케팅 분야만큼 데이터를 오랜 기간 연구하고, 체계적으로 이론을 정리하고, 실무에 적**

용까지 해본 분야가 없기 때문이다.

또 마케팅에서의 데이터 분석은 연구 목적을 넘어 기업의 사활死活과 연결되어 있다. 마케팅 분야에서의 데이터 분석 역사는 데이터를 죽기 살기로 본 역사라는 것이다.

어떤 마케팅이 실패했고, 어떤 마케팅이 성공했는지, 그 속에서 데이터가 어떻게 쓰이고 이론으로 만들어졌는지가 여러 책을 통해 고스란히 남아 있다. **마케팅에서 데이터가 어떻게 쓰였는지를 공부하다 보면 데이터를 바라보는 시각이나 관점이 확장될 수 있다.**

마케팅을 공부하는 방법은 간단하다. '마케팅 고전'들을 하나씩 읽어 보면 된다. 마케팅 이론은 쉽게 변하지 않아서 웬만한 이론들은 거의 다 고전에 담겨 있다. 어떤 책이 고전인지를 모르겠다면, '필립 코틀러Philip Kotler' '알 리스Al Ries' '잭 트라우트Jack Trout' 같은 분들의 책을 보면 된다.

챗GPT에 대한
아주 가벼운 이해

챗GPT의 발전 과정

이제 챗GPT에 대해 이야기해 보자. 챗GPT는 'Generative Pre-trained Transformer'의 약자인데 하나씩 풀어 보면 이렇다.

- **Generative** : '만드는'의 뜻으로, 글을 쓰거나 그림을 그릴 수 있다는 의미
- **Pre-trained** : '이미 학습한'의 뜻으로, 인터넷을 통해 많은 정보를 학습했다는 의미
- **Transformer** : 2017년 구글에서 개발한 인공지능 모델의 이름으로 챗GPT에 탑재되었음을 의미

챗GPT는 2022년 11월 전 세계에 무료로 공개되었으며, 2023년 3월에는 새로운 모델인 GPT-4를 출시하고 유료화를 시작했다. 거기서 그치지 않고 이후로도 최근까지 세 번의 업데이트를 진행하며 나날이 기능이 향상되고 있다. 처음에는 텍스트 기반의 대화만 가능했는데, 이제는 이미지를 업로드하거나 영화처럼 실시간으로 음성 대화를 나누는 수준까지 발전했다.

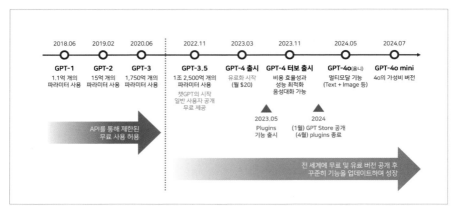

▲ 챗GPT의 주요 발전 과정

이 모든 변화가 불과 1년 반 만에 일어난 일이다. 더 이상 챗GPT의 전 세계 이용자 수가 얼마나 되는지, 얼마나 빨리 증가하고 있는지, 어떤 일을 할 수 있고 향후 어떻게 이용될 수 있는지, 그래서 우리 직업을 대체할 것인지 등을 논하는 게 불필요할 정도로 세상이 빠르게 변하고 있다.

챗GPT 발전의 의미

원래 존재했던 것이라도 내가 알게 된 순간부터 '실체'를 얻는다. 2016년 이세돌 9단을 이겼던 알파고는 주변에서 대단하다고 하니까 그런가 보다 했지, 우리에게 직접 와닿은 건 없었다. 존재는 했지만 실체가 없었다. 그런데 2023년 본격적으로 다가온 챗GPT는 알게 된 것을 넘어 체감까지 선사했다. 인공지능은 4차 산업혁명의 개막을 알렸고, 이제부터는 걷잡을 수 없는 변화를 눈치조차 채지 못할 것이다.

스마트폰이 처음 등장했던 때를 기억하는가? 국내에 처음 들어온 스마트폰이 애플의 '아이폰3GS'였는데 인터넷에 찾아보니 2009년 말쯤이었던 것 같다. 그 이후로 15년 가량의 시간이 흘렀다. 날짜로 치면 대략 5,300일이 넘는다. 몇 년 전에 읽었던 『5000일 후의 세계』(케빈 켈리 · 오노 가즈모토 저, 한국경제신문 간, 2022)라는 책의 머리말에 이런 구절이 있다.

"인터넷이 상용화된 지 약 5,000일(약 13년)이 지나 SNS라는 새로운 플랫폼이 찬찬히 걸음마를 시작했다. 그리고 현재는 SNS가 시작된 후 또 다시 5,000일이 지난 시점이다. …(중략)… 그렇다면 앞으로 다가올 5,000일 사이에는 과연 어떤 일이 일어날 것인가?"

이 책에는 대답도 있는데, 역시 '인공지능AI'이다. 아마 **지금은 인공지능이 대중 속으로 들어와 천천히 걸음마를 시작하는 중일 것**이다. 챗GPT를 이용해야 할까? 월 20달러를 지불해야 할까? 지금 당장 챗GPT를 사용하지 않아도 챗GPT를 탑재한 각종 서비스와 프로그램은 곧 우리 모두의 일상이 될 것이다. 굳이 챗GPT가 아니더라도 유사한 기능의 인공지능은 얼마든지 존재하는 시대가 이미 되고 있다. 인터넷이 그랬고 스마트폰이 그랬던 것처럼.

생각의 구조를 세워주는 사람(Instructor)과 생각하는 방식(Perspective)

Instructor, 생각의 구조를 세워주는 사람

무언가를 누군가에게 가르치는 사람을 교사, 교수라고 하고, 해당하는 영어 표현으로 Teacher, Professor, lecturer 등이 있는데, 필자는 강사, 강연자 등에 해당하는 'Instructor'라는 단어를 유독 좋아한다.

Instructor라는 단어를 잘 살펴보면, In+Struct+or로 구분되는데 끝에 '-or'는 우리말로 '~어떤 사람'이라는 정도의 뜻일 테니 제외하고, 가운데 'Struct'는 '구조structure'라는 뜻이다. 맨 앞의 'in'은 '~안에'라는 뜻이다. 그래서 이 세 단어를 합치면 '~안에 구조를 세워 주는 사람'이라는 의미로 해석될 수 있다. 누구 안에? 학습자 안에. 그래서 필자는 **이 책이 '독자의 마음 안에 데이터 분석의 구조를 세워줄 수 있도록'** 최선을 다 할 **것이다.**

그럼, 데이터 분석의 '구조'는 뭘까? 뼈대다. 구조만 봐서는 어떤 형태를 가질지 가늠하기조차 어렵지만 반대로 어떤 형태든 덧씌워질 수 있다. 데이터 분석을 예로 들자면, 어떤 새로운 데이터가 오더라도 데이터를 찬찬히 뜯어볼 수 있는 능력, 그를 통해 어떻게 데이터를 읽으면 좋을지 생각하고 고민할 수 있는 능력, 그리고 그 결과가 어떠해야 하는지 알고 있는 지식 등이 '구조structure'가 된다.

Perspective, 생각하는 방식

그리고 반복해서 말하지만 그것이 '관점Perspective'이다. Perspective는 전망, 원근법, 사고방식 등의 의미를 가지고 있다. '전망'은 멀리 보는 것이다. '원근법'은 멀고 가까운 것을 구분해서 그릴 줄 안다는 얘기다. '사고방식'은 생각하는 방식이다. '생각하는 방식'을 가진 사람을 다른 말로 하면 '주관'이 있는 사람이다. 주관이 있으면 자연스럽게 주장을 하게 된다.

그러니까 **'관점은, 가깝고 먼 것을 구별할 줄 알고, 생각할 줄 아는 힘을 가지고 있다.' 는 것이다.**

데이터 분석가로서, 데이터를 대하는 관점이 잘 세팅되어 있으면 어떤 새로운 데이터가 다가오더라도 용감해질 수 있다. 지금부터는 그 '관점'을 최대한 전달하려고 노력할 것이다.

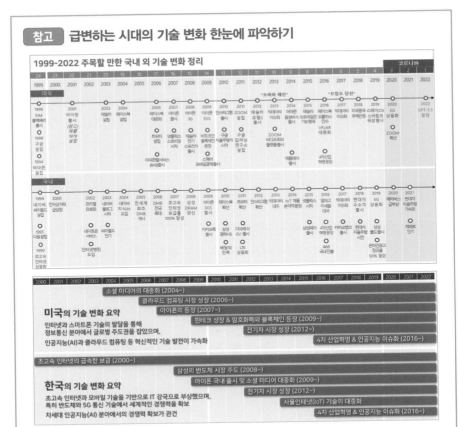

▲ 미국과 국내의 주요 IT 기술 변화 비교 정리

1999년부터 2022년까지 미국과 국내에 설립된 주요 IT 기업이나 기술 변화를 정리한 내용이다. 필자가 아는 범위 내에서 주관적으로 작성한 내용이라 누락된 부분이 있을 수 있고, 등장 시점에 차이가 있을 수도 있지만 대략적인 시대 변화의 흐름을 가볍게 파악하기에는 충분할 것이다.

데이터 분석도 중요하지만, 지금은 그 어느 때보다 변화에 민감해야 하는 시기다. 현재를 객관적으로 바라보고 미래를 준비하는 데 조금이나마 도움이 되기를 바란다.

실전 데이터 분석 :
'검색광고' 활용하기

"스스로 분석 주제와 방향을 정하는 능력이야 말로
데이터 분석가들에게 매우 필요한 역량 중 하나다."

분석 주제
정하기

캠핑 시장을 선택한 이유

이 장에서 우리가 분석할 주제는 '캠핑 시장 트렌드'이다. 여러분은 캠핑해 본 적이 있는가? 없어도 상관없다. 만약 당신이 캠핑 애호가라면 데이터를 분석할 때 조금 더 수월할 수는 있겠지만 데이터 분석을 더 잘 하리라는 보장은 없다. 필자 역시 친구의 초대로 한두 번 가본 적은 있지만, 장비도 없을뿐더러 텐트 치는 방법도 잘 모른다. 그럼에도 본 주제를 정한 건 몇 가지 이유 때문이다.

1) 아내가 캠핑 유튜버의 대단한 구독자이다. 덕분에 수많은 영상을 섭렵하다 보니 나 역시 로망이 생겼다(물론 아내 역시 캠핑을 갈 엄두는 못 내는 편이다).

2) 캠핑 시장은 **코로나19 이후 크게 성장**한 분야 중 하나로 전후 비교가 가능하다.

3) 과거에는 마니아Mania 중심이었으나 **코로나19 이후 2030을 중심으로 시장이 확장** 기존 이용층과 신규 유입층 등 **다양한 타깃의 수요를 분석**하는 데 유리하다.

4) 캠핑 시장 성장으로 음식 등 다양한 **관련 산업도 커져서** 분석할 요소가 많다.

5) 특히, 소비자의 검색 동향을 보면, 검색 규모가 크고, **연관키워드**가 다양하며 **시즌성** 등이 있어 우리가 활용하고자 하는 검색 데이터 분석에 적합하다.

분석가에게 꼭 필요한 기획과 설계

흔히 데이터 분석가의 업무가 주어진 요구 사항에 대응하는 것뿐이라고 생각하지만 그보다는 스스로 분석 주제와 방향을 정하는 능력이야 말로 데이터 분석가들에게 매우 필요한 역량 중 하나다. 분석 주제를 '캠핑 시장의 트렌드 분석'이라고 하면 분석 방향은 어떤 데이터를 사용할지, 왜 그 데이터가 적합하다고 생각하는지, 그 데이터를 통해 얻을 수 있는 것들은 무엇인지, 어떤 데이터 분석 기법을 활용할 수 있는지 등을 정리하는 것이다. 이 과정이 데이터 분석을 **'기획'**하고 **'설계'**하는 것에 해당한다.

기업에서 데이터를 가장 많이 보는 사람은 데이터 분석가다. 데이터를 가장 많이 보는 사람이 **이 데이터로 어떤 것을 얻을 수 있는지를 스스로 기획하고 설계해서 회사에 제안하는 역할을 하거나 마케팅 등 사내 다른 부서에서 어떤 요구를 했을 때 "이런 것도 보면 좋지 않을까요?"라고 추가 제안을 할 수 있는 역량이 있다면 아주 좋은 평가를 받을 수 있을 것이다.**

데이터 분석을 요청하는 사람 중에 "어떤 데이터를 활용해서 어떤 분석 기법을 적용하면 좋을 것 같으니 그렇게 해주세요."라고 구체적으로 말하는 사람은 거의 없다. "이 시장을 보고 싶어요." "인사이트를 얻고 싶어요." "소비자 반응이 어떤지 봐주세요." 등 (데이터 분석가 입장에서 보면) 막연한 요청뿐이다. 그래서 나머지는 모두 데이터 분석가의 몫이다.

효과적인 데이터 분석을 위해서는 주어진 요청을 단순히 처리하는 것이 아니라, 요청한 것 이상의 것을 내주어야 한다. "당신이 이런 것을 요청했지만, 실제로 당신이 원하는 답을 얻기 위해서는 이런 저런 부분들까지 함께 고려되어야 합니다."라는 말을 덧붙일 수 있어야 한다.

시장 모니터링의 필요성

그러한 식견을 갖추기 위해서는 시장을 종합적으로 모니터링하는 습관이 필요하다.

시장에 관심을 가지자. 정치에도 관심을 가지자. 사회에도 관심을 가지자. **어차피 세상은 다 연결되어 있다.** 특히 마케팅 데이터를 다루고자 한다면, 세상이 연결되어 있다는 것을 무게 있게 받아들일 필요가 있다. 하나의 현상을 이해하기 위해서는 다양한 분야를 엮어서 생각할 줄 아는 지식과 견해가 필요하다.

필자는 그것을 위해서 매일 아침 포털사이트 메인에 걸려 있는 기사를 빠르게 읽어본다. 익숙하지 않은 분야나 관심이 없었던 분야까지 포함해서 최대한 다양한 정보를 읽으려고 노력한다. 그렇게 다양한 분야에 대한 모니터링이 꾸준히 되어야 어떤 새로운 주제에 대한 '막연한' 요청이 왔을 때, "여기부터 시작하면 되지 않을까?"하고 조금이라도 더 판단해 볼 수 있을 것이다.

우리가 사용할
데이터 소개

우리는 '(네이버) 검색광고' 서비스와 '(네이버) 데이터랩' 서비스 두 곳을 이용할 것인데 둘 다 네이버 포털 사이트를 통해 '무료'로 이용이 가능하다. 이 두 곳은 모두 필자가 알기로 네이버에 상업광고를 집행하는 사업자를 위해 만든 서비스이다.

'검색광고' 서비스

'검색광고' 서비스에는 (여러 가지 기능이 있지만) **특정 주제나 제품에 대해 사람들이 어떤 다양한 키워드를 활용해 검색하고 있는지** 알려 준다. 쉽게 얘기하면 '캠핑'에 관해 사람들이 검색할 때 '캠핑' '캠핑용품' 같은 키워드로 검색한다는 걸 알려 주는 것이다. 네이버를 통해 '캠핑용품'을 판매하는 사업자는 해당 정보를 보면서 "아, 요즘 사람들이 이런 상품들을 검색하고 있구나." "이런 브랜드들을 검색하고 있구나." 등을 알게 되고 그에 맞는 '해시태그(#)' 등을 달거나 해당 키워드로 검색했을 때 우리 제품이 상단에 노출될 수 있도록 광고비를 지불하는 것이다.

'데이터랩' 서비스

'데이터랩' 서비스는 특정 검색어의 검색 추이를 보여 준다. 예를 들면, '검색광고' 서비스를 통해 알게 된 '캠핑' '캠핑용품' 등의 키워드에 대한 검색 추이를 알려 주는 것이다. 최근에 증가하고 있는지, 특정 시점에 증가하는 경향을 보이는지 등을 말이다. 검색 추이는 2016년 1월 1일부터 최근 어제 날짜까지의 추이를 볼 수 있으며 일간, 주간, 월간 단위로 조정도 가능하다. 그 외 몇 가지 장점이 더 있지만, 실제 데이터 분석을 진행하면서 설명하기로 하고 우선은 '사이트에 접근하는 방법'에 대해 알아보자.

'검색광고' 서비스 이용 방법

하나씩 사이트에 접속하는 방법을 설명할테니 직접 따라해 보자.

① 네이버 검색창 바로 아래의 아이콘 중 맨 오른쪽에 있는 **가로 점 세 개** 모양의 [더보기] 아이콘을 클릭한다.

▲ 네이버 메인 화면

② 확장탭이 열리면 맨 위 [전체 서비스] 버튼을 클릭한다.

▲ 네이버 메인 화면 〉 전체서비스

③ [전체 서비스] 버튼을 클릭하면 초성별로 분류된 세부 기능이 보이는데 이 중 '**ㄱ**'
분류의 두 번째에 있는 [검색광고]와 'ㄷ' 분류의 첫 번째에 있는 [데이터랩] 서비스가
우리가 이용할 영역이다. 우선, 본 장에서 주로 다룰 [검색광고] 버튼을 먼저 클릭해
보자.

▲ 네이버 메인 화면 〉 전체서비스 〉 검색광고/데이터랩

④ [검색광고] 버튼을 클릭하면 로그인 화면이 나오는데, 먼저 **회원가입**을 해야 한다. 네이버 계정이 있으면 **'네이버 아이디로 로그인'** 버튼을 클릭해 가입하면 되며, 가입을 위해 입력해야 하는 사항이 있는데 우리는 데이터 분석 용도로 사용할 것이므로 임의로 입력해 진행하면 된다.

▲ 검색광고 〉 회원가입 / 로그인

⑤ 로그인을 하면 검색광고 페이지로 이동한다. 가장 오른쪽 **[광고플랫폼] 버튼**을 클릭하자.

▲ 검색광고 〉 회원가입 / 로그인 〉 광고플랫폼

⑥ [광고플랫폼] 버튼을 클릭하면 나오는 화면이다.

상단의 메뉴바에서 **[도구] → [키워드 도구]** 메뉴를 순서대로 클릭한다.

▲ 검색광고 〉 회원가입/로그인 〉 광고플랫폼 〉 키워드 도구

⑦ [키워드 도구] 화면에서 분석하고 싶은 키워드를 입력하면 연관 검색되는 키워드
가 나타나는데 우리는 캠핑 시장에 대한 분석을 진행할 것이니, '캠핑' 키워드를
입력해서 연관키워드를 살펴보자.

▲ 검색광고 〉 회원가입/로그인 〉 광고플랫폼 〉 키워드 도구 〉 키워드 입력

검색광고 기능 설명

'캠핑' 키워드를 입력하면. '캠핑용품' '캠핑음식' '머렐' '천안호텔' '보조배터리'
'캠핑요리' 등의 키워드가 나오는데 이 키워드가 '캠핑' 키워드와 주로 함께 검색되는 키
워드, 즉 '연관키워드'이다. 네이버에서는 최대 1천 개까지 연관키워드를 제공하니 관
심이 있는 분야의 키워드를 다양하게 넣으면서 어떤 키워드에 연관키워드가 많은지

도 살펴보자.

각 키워드 리스트에서 오른쪽 변수를 보면 PC와 모바일이 구분되어 있고 월간검색수, 월평균클릭수, 월평균클릭률, 경쟁강도, 월평균노출 광고수 등의 측정 항목이 있는데, 대부분은 광고를 집행할 때 참고하라고 만들어 놓은 것이니 당장 우리는 몰라도 된다. **이제부터 우리는 '월간검색수' 하나의 항목만 사용할 것이다.** 또한 월간검색수가 PC와 모바일로 구분되어 있는 것은 PC로 검색을 했는지, 휴대폰 등 모바일로 검색을 했는지를 나타내는 것이다. 이 둘의 차이를 분석하는 것도 의미가 있겠지만, **우리는 '모바일' 기준으로만 데이터를 볼 것이다.**

참고로 월간검색수는 조회 시점을 기준으로 '최근 한 달간의 검색수'를 의미한다. 그래서 이 책을 읽는 시점에 직접 '캠핑'이라고 조회해 보면 책에 예시로 담긴 검색수와 다를 수 있으므로 당황하지 말자.

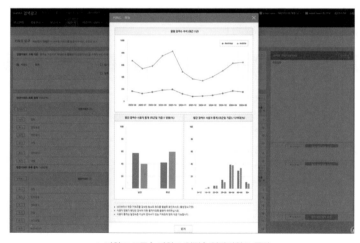

▲ 키워드 도구 〉 키워드 입력 〉 연관키워드 클릭

마지막으로 연관키워드 조회 화면에서 특정 키워드를 클릭하면 해당 키워드에 대한 최근 1년간의 검색량과 성별 비교, 연령별 비교 데이터가 나오는데, 비록 최근 1년간의 데이터지만 **해당 키워드에 대한 대략적인 검색 규모, 추이, 주 검색층 등의 데이터를 확인할 수 있으니 기억해 두자.** 이제부터는 '검색광고' 서비스를 활용해 실제 어떤 데이터 분석을 할 수 있는지 살펴볼 것인데, 분석 과정을 면밀하게 설명하기 위해 아주 긴 호흡으로 정리될 테니 잘 따라와야 한다.

데이터의 '특성'과
'한계' 이해하기

데이터의 특성과 한계란?

분석할 데이터를 알았다면, 다음 해야 할 일은 데이터의 '특성'과 '한계'를 이해하고 정의하는 것이다.

데이터의 '특성'은 **데이터를 통해서 알 수 있는 모든 것**이다. 그 데이터가 **어떤 구조로 형성**되어 있고, 따라서 **어떤 내용들을 중점적으로 보아야** 하며, 결국에는 **어떤 내용을 알려주기에 적합한지**를 판단해야 한다. 데이터의 '한계'는 **데이터를 통해 알 수 없는 모든 것**이다. 쉽게 장점과 단점이라고 이해해도 좋다.

지금은 매우 당연한 얘기처럼 들릴 수 있지만, 이 당연한 얘기를 스스로 생각해서 정리하기가 그렇게 쉽지는 않다. 서로 다른 두 종류의 데이터를 예로 들어서 이해해 보자.

여론 조사 데이터의 특성과 한계

'소비자 조사' 혹은 '여론 조사'라고 불리는 조사 방법이 있다. 아마 선거 시즌에 TV에서 많이 봤을 것이다. 전화 면접원들이 한 사람 한 사람에게 전화를 걸어서 질문하거나, 혹은 응답자들이 스스로 웹 브라우저에 접속해 직접 응답하는 방식으로 얻는

데이터다. 지금도 마케팅 조사로 많이 활용되지만, 빅데이터가 등장하기 이전에는 대부분의 마케팅 조사가 이 방법으로 이뤄졌다. "이 상품을 들어보셨나요?" "이 브랜드를 얼마나 좋아하시나요?" "이 제품이 출시되면 구매하실 것 같으세요?" 같은 질문을 많이 했다.

이 데이터의 특성은 무엇일까? 핵심은 '질문'에 있다. 질문을 하는 입장에서 보면 **궁금한 내용을 물어볼 수 있으니 원하는 정보를 얻기가 수월**하다. 그래서 여론 조사를 분석하는 사람은 데이터를 분석하는 기술 못지않게 질문을 구성하는 능력이 탁월해야 한다. 또 응답자의 성별, 연령별, 소득, 주거지 등의 인구통계학demography 정보가 비교적 세세하게 기록되기 때문에 **타깃을 세밀하게 분석하기에 용이**하다.

반대로 한계는 무엇일까? 그것도 '질문'에 있다. 질문을 받는 입장에서 보면 **대답을 하기 싫을 수도 있다.** 그래서 무심코 전화를 받았는데 "여론 조사입니다."라는 멘트를 들으면 끊는 경우가 허다하지 않은가. 또 질문지가 길면 중간에 이탈하거나 대충 대답하는 일이 생길 수도 있고, 심지어 거짓말로 응답을 하는 경우가 생길 수도 있다. 그래서 오차 범위라는 게 존재하는 것이다.

빅데이터의 특성과 한계

질문을 하지 않는 데이터는 어떤 게 있을까? 이 책에서 주로 다루게 될 '검색 데이터'를 포함해 SNS 등에 남기는 '게시물', 쇼핑몰에 접속해서 원하는 상품을 검색하고 장바구니에 담고 구매하는 등의 '로그 기록' 등이 있다. 모두 어떠한 질문도 없이 사람들이 자발적으로 남긴 흔적들이다. 그래서 데이터 분석 입장에서 보자면, **전통적인 조사 방법과 빅데이터의 가장 큰 차이는 '질문'의 유무**라고 해도 과언이 아니다.

질문을 하지 않는 데이터들의 특성은, 질문을 하지 않아도 다양하고 풍부한 대답을 들을 수 있다는 것이다. 그래서 미처 질문할 생각조차 하지 못했던 대답을 들을 수 있는 게 빅데이터의 가장 큰 장점이다. 반대로 **한계는, 질문하지 않은 내용은 알 수 없다는 것**이다. 그래서 빅데이터 분석가들은 어떤 데이터가 어떤 대답을 가지고 있는지를 잘 알고 있어야 하며, 필요한 데이터를 적재적소에 활용할 줄 알아야 한다. 따라서 **궁금한 점이 생겼을 때 어떤 데이터를 봐야 할지 고민하고 설계하는 게 매우 중요한 역량**이 되는 것이다.

빅데이터의 또다른 한계는, 자사 데이터가 아닌 이상 **자발적으로 기록을 남긴 소비자가 어떤 사람인지 특정하는 게 불가능하거나 대다수가 어렵다**는 것이다. 그래서 우리가 가진 데이터상의 소비자들은 알지만, 대체로 온라인상에서 활동하는 소비자들의 기록은 알기 어렵기 때문에 대부분 서로가 서로의 데이터를 필요로 하는 경우가 많다.

그래서 빅데이터 시대는 '데이터 융합Data Fusion'이 매우 중요한데, 이는 **서로 다른 종류의 이질적인 데이터를 어떻게 하나의 목적으로 결합하고 활용할 것인가**에 대한 고민이기도 하지만, **서로 다른 회사들이 가진 데이터를 어떻게 결합해서 활용할 것인가**에 대한 고민이기도 하다.

빅데이터는 소비자가 스스로 남긴 기록이므로 분석가가 이를 어떻게 해석하고 분석할지에 따라 얻게 되는 인사이트는 천차만별이다. 그래서 데이터를 바라볼 줄 아는 시각, 관점이 매우 중요하다.

검색 데이터의 특성과 한계

빅데이터 중에서도 이 책에서 활용할 검색 데이터로 좁혀 보면 어떨까? 검색 데이터는 검색을 하는 행동, 즉 사람들의 관심이 어디를 향해 있는지에 대해 알 수 있다는 강력한 특성이 존재하는 반면, 당연히 검색을 하지 않는 주제에 대해서는 알 수 없다는 한계가 존재한다.

캠핑 시장을 예를 들면, 사람들이 캠핑 브랜드명 전체를 검색하지 않으면 캠핑 브랜드가 총 몇 개인지 알 수 없다. 또 배달 앱에서 어떤 음식을 가장 많이 주문하는지도 알 수 없다. 배달 음식에 대한 검색은 배달 앱 내에서 하기 때문이다.

검색을 하는 사람들에 대해서는 어떨까? 다행히도 성별, 연령별 검색 추이는 제한된 범위 내에서 일부 확인할 수는 있지만, 역시 소득 수준이나 주거지, 가족 관계 등 구체적인 정보들은 알 수 없다. 즉, 검색을 하는 관심 영역은 알 수 없지만, 검색을 하는 이유나 검색을 하는 사람들에 대한 정보는 구체적으로 알 수 없다는 것이다.

따라서 검색 데이터를 분석할 때는 여론 조사나 다른 종류의 빅데이터를 대할 때와 다른 관점을 가져야 한다. 검색 데이터는 사람들이 어떤 키워드로 자신의 관심을 표현하는지가 핵심이다.

여론 조사 데이터가 기억해서 응답하는 '인식'에 대한 것이라면, 검색 데이터는 '태도'나 '행동'과 관련이 깊다. 물론, SNS에서 '좋아요'를 누르는 것이나, 쇼핑몰에서 어떤 상품을 장바구니에 담는 것도 태도나 행동이지만, **검색 데이터는 실시간 관심의 표현이라는 점에서 또 다른 의미를 가진다.**

데이터의 특성과 한계를 간과할 때

이런 설명을 하면 대부분, 분석에 앞서 데이터의 특성과 한계가 충분히 고려되어야 한다는 데 충분히 공감하면서도 막상 본인이 데이터를 분석할 때는 놓치는 경우가 정말 많다.

외부 강의를 진행할 때 사전에 이 부분을 충분히 강조했음에도, 늘 적지 않은 수강생들이 결국 동일한 문제를 토로한다. **"이런 내용을 보고 싶었는데 데이터로 찾을 수가 없어서 아쉬웠어요…"**

아니다, 그건 애초에 데이터가 줄 수 있는 정보와 없는 정보를 제대로 탐색하지 않았거나, 명확히 인정하지 않고 막연하게 분석의 목적만 앞세웠기 때문이다. 이는 마치 헬스장에 있는 워킹머신을 타면서 러닝 기능이 없어 아쉽다고 얘기하는 것과 같다. 둘 다 유산소 운동이라는 공통점은 있지만 목적에 도달하기까지의 방법이 다르다.

분석 '가설' 잡는 방법

'분석 접근 가설' 훈련 방법

네이버 검색광고 사이트에서 '캠핑' 키워드로 도출된 1천 개의 연관키워드 중 가장 상위에 위치한 7개의 연관키워드를 활용해 가설을 잡는 훈련을 해보자.

No	연관키워드	월간검색수(모바일)
1	캠핑	61,600
2	캠핑용품	69,300
3	캠핑음식	66,000
4	머렐	22,500
5	천안호텔	6,530
6	보조배터리	143,500
7	캠핑요리	28,100

▲ 캠핑 상위 연관키워드

이 7개의 키워드를 활용해서 다음의 질문에 답해 보자.

① 캠핑, 캠핑용품, 캠핑음식, 머렐, 천안호텔, 보조배터리, 캠핑요리 등 7가지 키워드 중에 '분석에 활용할 키워드'와 '활용하지 않을 키워드'를 구분해 보자. 이유는 무엇인가?
② 7가지 키워드 중에 '합쳐서' 볼 필요가 있는 키워드가 있는가?
③ 7가지 단어 중에 어떤 키워드가 시장을 '대표'하기에 가장 적합한가?
④ 7가지 단어를 이용해서 '어떤 내용'들을 알려 줄 수 있을 것이라고 생각되는가?
⑤ 7가지 단어를 이야기 '순서에 맞게 배열'한다면?

혼자 생각하기 어렵다면, 챗GPT의 도움을 받아 보자.

챗GPT의 분석 접근 가설

 (7가지 키워드를 활용한 위의 5가지 질문을 그대로 복사해서 붙여 넣었다.)

ChatGPT

분석에 활용할 키워드와 활용하지 않을 키워드 구분 :
- **활용할 키워드** : 캠핑, 캠핑용품, 캠핑음식, 캠핑요리, 보조배터리
- **활용하지 않을 키워드** : 머렐, 천안호텔
- **이유** : 캠핑 관련 키워드들은 모두 캠핑 시장 트렌드를 분석하는 데 직접적으로 관련이 있다. 머렐은 특정 브랜드명이고, 천안호텔은 특정 지역의 숙박시설로, 캠핑 시장과 직접적인 관련성이 낮다.

합쳐서 볼 필요가 있는 키워드 :
- **캠핑음식과 캠핑요리** : 이 두 키워드는 매우 유사한 의미를 가지고 있어 합쳐서 분석할 수 있다.
- **캠핑과 캠핑용품** : 캠핑을 할 때 사용하는 용품들이므로, 캠핑의 하위 카테고리로 볼 수 있다.

시장을 대표하기에 가장 적합한 키워드 :
- **캠핑** : 이 키워드는 가장 포괄적이며, 캠핑 관련 다른 키워드들도 포함할 수 있는 넓은 범위를 가진다.

7가지 단어를 이용해서 알려 줄 수 있는 내용:

- **캠핑**: 캠핑의 전반적인 트렌드와 시장의 성장 여부
- **캠핑용품**: 어떤 용품들이 가장 인기 있는지, 시즌별 판매 추이
- **캠핑음식/캠핑요리**: 캠핑할 때 사람들이 선호하는 음식과 요리법
- **보조배터리**: 캠핑 시 필수적인 장비 중 하나로써, 전자기기 사용 증가에 따른 수요 분석
- **머렐**: 특정 브랜드의 인기 및 시장 점유율(만약 캠핑용품의 일환으로 본다면)
- **천안호텔**: 캠핑과 연계한 여행 패턴 분석(예 캠핑 후 호텔 숙박 여부)

7가지 단어를 이야기 순서에 맞게 배열:

1. **캠핑**: 캠핑의 정의와 현재 시장 트렌드 소개
2. **캠핑용품**: 캠핑할 때 필요한 용품들에 대한 소개 및 분석
3. **캠핑음식/캠핑요리**: 캠핑 시 어떤 음식을 준비하고 요리하는지에 대한 분석
4. **보조배터리**: 캠핑 시 전자기기 사용을 위한 필수품 분석
5. **머렐**: 캠핑용품 브랜드 중 하나로, 시장 점유율 및 인기도 분석(만약 캠핑용품으로 간주할 경우)
6. **천안호텔**: 캠핑과 연계된 여행 패턴 분석(캠핑 후 숙박 여부)

필자의 접근 가설

이제 필자 차례다. 하나씩 대답해 볼 테니 생각했던 것과 또 챗GPT의 대답과 비교해 보자. (아, 물론, 정답은 없다.)

Q1 **캠핑, 캠핑용품, 캠핑음식, 머렐, 천안호텔, 보조배터리, 캠핑요리 등 7가지 키워드 중에 분석에 활용할 키워드와 활용하지 않을 키워드를 구분해 보자. 이유는?**

A1 키워드를 살리고 버리는 것을 데이터 분석에서는 '정제精製'라고 한다. 필요 없는 것을 버려서 쓰기 좋은 데이터들을 남기는 작업이다. 그러니까 첫 번째 질문은 데이터 분석 과정 중 '정제'에 대한 생각을 묻는 질문이다. 그런데 여기서 '필요 없다'의 정의는 무엇일까.

A는 아직 데이터 값을 보지 않았으므로 판단하기 어렵다. B와 C는 분석가의 판단에 따라 결정되는 영역이다. **자의적**恣意的이라는 얘기다.

"데이터 분석은 명확한 결과를 바탕으로 하는 건데 웬 자의적?"이라고 의아해 할 수도 있을 텐데, 데이터 분석은 원래 엔터([Enter↵])만 치면 나오는 기계적 산출물이 아니다. 어떤 데이터를 볼지, 어떤 데이터를 버릴지, 어떤 데이터를 합칠지, 어떤 데이터를 추가할지 등 엔터를 치기까지, 그리고 치고 난 후 다시 칠 때까지의 모든 과정에 데이터 분석가의 갖가지 판단이 녹여져 있다. **빅데이터가 대중적으로 인기를 끌기 훨씬 이전에, 데이터 분석을 가르쳐 주던 많은 선배들은, 이걸 '연구자의 판단 영역'이라고 불렀다.**

결론적으로 7가지 키워드 중 결이 달라서, 활용하고 싶지 않은 키워드를 고르라면 '천안호텔'이다. 캠핑을 가는 사람들이 천안을 많이 가는지, 혹은 캠핑을 갈까 호텔을 갈까 고민하는 사람들이 많은지는 모르겠지만, 어쨌든 '천안호텔'이라는 키워드는 어떤 상상력도 가져다 주지 못했다.

또 '천안호텔'은 '천안'이라는 지역적인 한정성이 있다. '천안' 지역이 유독 캠핑을 가는 지역으로서 선호될지는 모르겠으나 현 시점에서 예상되는 건 없다. 또한 '호텔'이라는 키워드는 캠핑이 가진 '숙박'의 의미와 상충된다. 일단은 배제하는 것을 선택하겠다.

Q2 **7가지 키워드 중에 합쳐서 볼 필요가 있는 키워드가 있는가?**

A2 7개 단어 중에 의미상 비슷한 단어가 있다. **'캠핑음식'과 '캠핑요리'**. 이 두 단어는 캠핑을 전혀 모르는 사람이 보더라도 '먹을 것'과 관련 있다는 것으로 이해할 수 있을 것이다. 그런데 사실 한 가지 고민은 있다. '캠핑음식'과 '캠핑요리'는 엄밀히 말하면 다를 수 있다.

'캠핑요리'는 '캠핑에 가서 직접 요리를 하겠다.'는 의지를 담은 표현일 수 있지만, '캠핑음식'은 '캠핑에 가서 먹을 음식'에 좀 더 초점을 맞춘 표현이다. 직접 요리를 할 음식에 대한 표현일 수도 있지만, 마트에 들러서 밀키트를 구입할 수도 있고 식당에서 완성된 요리를 구매할 수도 있다는 것을 의미한다. 합쳐야 할까, 말아야 할까? 혹은 둘 중 하나의 키워드만을 사용해야 할까?

이 역시 '연구자의 판단' 영역이다. 판단에 따라 데이터 결과도, 결론도 달라진다.

이렇게 기존 데이터를 목적이나 방향에 맞게 수정하고 보완해 다시 만드는 것을 가공加工이라고 한다. 일단 이 판단은 유보하겠다. 그렇지만 왠지 중요하게 활용될 것 같은 느낌이다.

Q3 7가지 단어 중에 어떤 키워드가 시장을 대표하기에 가장 적합한가?

A3 단어의 포괄성만 보자면, '캠핑'이라는 단어가 가장 적합해 보인다. 그런데 월간검색수를 보면 캠핑(61,600건)보다 캠핑용품(69,300건)과 캠핑음식(66,000건)이 더 많다. '캠핑'이라고 검색하는 건수보다 '캠핑용품'이나 '캠핑음식'으로 검색하는 건수가 더 많다는 얘기다.

그런데 단언할 수는 없지만, '캠핑'으로 검색하는 사람들은, 캠핑을 전혀 모르는 사람들, 그러면서도 "한 번 가볼까?" 정도의 생각을 하는 사람들일 것 같다. **Potential(잠재고객)**이라고 정의하자.

반면, 캠핑을 자주 가거나 이제 막 본격적으로 캠핑을 시작하려는 사람들은 '캠핑용품'이나 '캠핑음식'을 더 많이 검색할 것 같다. **기존 사용자와 초보 사용자**로 정의하자.

정리 사용자 특성에 따른 키워드 검색 예시

A. '캠핑' 키워드 검색 : 캠핑에 관심은 있지만, 경험한 적 없는 Potential(잠재고객)
B. '캠핑용품' '캠핑음식' '캠핑요리' 등 키워드 검색 : 기존 사용자와 초보 등

자, 이렇게 정의할 경우 캠핑 시장을 대표하는 검색 키워드는 무엇인가?

질문을 조금 바꿔볼까? 캠핑 시장을 분석할 때 **가장 힘을 실어 줘야 하는 키워드는 무엇일까?**

개인적으로는, '캠핑음식'과 '캠핑요리' 이 두 가지 키워드를 꼽을 수 있을 것 같다. 캠핑 시장의 최근 변화를 얘기하기에 가장 좋은 키워드라고 생각되기 때문이다. 만약 캠핑 시장이 커졌다면 이유는 두 가지로 요약될 수 있다.

기존 사용자들이 더 빈번하게 캠핑을 다니면서 용품이나 음식을 자주 구매하고 있거나, 아니면 캠핑에 관심을 갖지 않던 사람들이 대거 유입되었던가. 어떤 경우가 더 그럴듯한가. 필자의 판단은 후자다. 새로운 소비층이 유입되었을 확률이 높다.

만약 그렇게 주장을 한다면, 새로운 소비층의 유입을 가늠할 수 있는 검색 키워드를 선택할 것이고, 필자는 그것이 요리나 음식과 관련되어 있을 확률이 높다고 생각한다. 사람들은 캠핑 환경에서 먹는 음식에 대한 로망이 있을 것이다. 텐트를 치기 싫어하고 캠핑장의 열악한 잠자리와 씻는 환경에 불편함을 느끼는 사람이라도 캠핑 장소에서 먹는 음식에 대해서만큼은 색다른 경험이라고 추켜세우는 사람들이 많을 테니까.

그런 관점에서 보자면, 캠핑음식/캠핑요리가 젊은 층으로 캠핑 문화가 확산되는 데 큰 역할을 했을 것이라는 '가정'을 가지고 접근해 볼 수 있을 듯하다.

그런데 **"캠핑 시장을 얘기하기 위해 어떤 키워드를 보고서의 첫 페이지에 내세울 것인가?"라고 묻는다면 주저 없이 '캠핑' 키워드를 꼽겠다.** 보고서로 풀어 쓸 때는 '캠핑'부터 출발해야 한다. 그래야 '캠핑용품'이나 '캠핑음식'이 '캠핑'을 검색하는 수요보다 많다고 하면서 오히려 용품이나 음식을 강조할 수 있기 때문이다.

이렇게 대표성 역시 분석가의 목적이나 방향에 따라 아주 다양해질 수 있다. 어떤 키워드를 트렌드 분석의 대표 키워드로 볼 것인가는 결국 스스로 어떤 얘기를 해주고 싶냐에 따라 달려 있다.

Q4 **7가지 단어를 이용해서 어떤 내용들을 알려 줄 수 있을 것이라고 생각되는가?**

A4 먼저 정보량을 통해서 **"캠핑을 검색하는 사람들이 참 많구나!"**라는 것을 알 수 있다. 검색광고에서 키워드별 정보량은 최근 한 달간 집계된 수치이다. 최근 한 달간 집

계된 수치가 6만 건이라고는 것은 6만 명이 검색했다는 것은 아니지만, 어쨌든 많게 느껴지는 숫자다.

그리고 캠핑을 검색하는 사람들이 **'캠핑음식'을 매우 중요하게 생각한다는** 점이 드러났다. 캠핑용품이야 캠핑을 하려면 당연히 필요하니까 그럴 수 있다고 생각되는데, 캠핑용품을 검색하는 최근 한 달간의 건수보다 캠핑음식의 검색건수가 소폭이지만 더 많다는 게 신기하다. 그리고 상위 7개 키워드 안에 '캠핑음식' '캠핑요리' 등 같은 종류의 키워드가 두 개나 포함되어 있지 않은가.

또 하나 **'머렐'**이라는 단어가 등장했다. 캠핑을 잘 모르는 분들이라도 등산이나 아웃도어 브랜드에 대해 알고 있다면 한 번쯤 들어봤을 것이다. 모른다면 인터넷에 검색해 보면 된다. 머렐을 검색했다는 것은 다른 브랜드들도 1천 개의 연관어 속에 있을지도 모른다는 얘기가 된다. 그 브랜드들을 찾아서 하나의 차트로 그리면 어떨까? 어떤 브랜드가 최근 검색량이 높아졌는지 정도는 파악할 수 있지 않을까?

'보조배터리'는 어떤가?

다양한 캠핑용품이 있는데 '보조배터리' 검색량이 저렇게 높다는 것이 신기하지 않은가? 캠핑에서 활용되는 장비 못지않게 보조배터리로 연결될 만한 휴대용 디지털 제품들에 대한 수요가 높지 않을까? 예를 들면 휴대폰이나 태블릿, 스피커 등 기기 말이다. 만약 그렇다면 캠핑을 즐기는 소비자들의 로망이나 편의 사양에 '나만의 야외극장'을 꾸미고 싶은 수요가 있을지도 모르겠다.

고작 7개의 단어에서 유추할 수 있는 이야깃거리가 벌써 4가지나 나왔다.

Q5 **7가지 단어를 이야기 순서에 맞게 배열한다면?**

A5 '천안호텔'을 제외한 나머지 6개의 키워드를, 하고 싶은 이야기에 맞게 배열하면 이렇게 나열할 수 있다. <캠핑 → 캠핑용품 → 보조배터리 → 머렐 → 캠핑음식 + 캠핑요리 >

여기까지 차분하게 읽어 왔다면, 아마 이 6개의 키워드 배열만 보더라도 어떤 이야기를 할 수 있을지 대략 감이 잡힐 것이다. 각 키워드별로 할 수 있는 얘기들을 간단하게 적어 보자.

[캠핑]
- 캠핑에 대한 검색량이 증가(또는 감소)하고 있다.
- 캠핑은 **봄과 가을 시즌**에 주로 검색량이 증가한다.
- 캠핑에 대한 관심이 높아진 것은 **코로나19의 영향**이 크다.
- **2023년 코로나19 종식으로 해외여행이 재개**되면서 캠핑에 대한 수요도 영향을 받고 있다.

[캠핑용품]
- 캠핑을 찾는 많은 사람들이 **캠핑용품을 주로 함께 검색**한다.
- 텐트, 테이블, 조명, 옷 등 다양하게 용품을 검색할 것이다.

[보조배터리]
- 다양한 캠핑용품 중에서도 **보조배터리에 대한 관심이 높다.**
- 캠핑 장소에서 유튜브를 보거나 영화를 보려는 수요가 증가하고 있을 것이다.

[머렐]
- 캠핑용품 브랜드 중에서는 특히 '머렐'을 검색하는 경우가 많다.
- 캠핑용품 브랜드는 전문 브랜드 수요보다 **포괄적인 아웃도어 브랜드**에 대한 수요가 높을 것이다.

[캠핑음식+캠핑요리]
- 캠핑하는 사람들은 캠핑용품 못지 않게 **먹거리에 대한 관심이 높다.**
- 먹거리는 크게 직접 재료를 사다가 **요리하는 경우**와 **밀키트**로 구분될 것이다.
- 단순히 고기를 구워 먹는 것 외에도 **다양한 음식을 먹으려고 할 것이다.**

어떤가? 당신이 생각한 것과 챗GPT가 대답한 것과 필자의 대답을 비교한 결과가.

가설은, 생각을 정리하고 구체화하는 과정

여기까지 오는 동안 우리는 코딩이나 통계를 사용하지도 않았고, 추이 차트Line Chart 하나도 그린 게 없다. **우리는 그저 주어진 7개의 단어만 가지고 ('천안호텔' 키워드를 버리는) 정제를 했고, (캠핑음식과 캠핑요리를 합치는) 가공을 했고, (6개의 키워드 배열을 통해) 스토리를 만들었다.**

그리고 이런 과정을 거치는 동안, 처음 5가지 질문들을 봤을 때보다 훨씬 더 많은 생각들을 하게 되면서 구체화되었을 것이다. 각 키워드의 의미와 활용 방법을 고민하면서 자연스럽게 분석 방향도 한층 명확해졌을 것이다. 이런 식으로 생각을 정리하고 구체화하는 과정이 데이터 분석의 핵심이다.

어떤 분들은 이 과정을 지켜보면서 '섣부른 판단'이라고, 속된 표현으로 '소설 쓴다.'고 비판할지도 모르겠다. 데이터를 분석한 다음에 내용을 정리한 게 아니라 단순히 키워드 몇 개만을 활용했기 때문이다. 하지만 이 과정이 데이터를 본격적으로 분석하기 전에 해야 하는 매우 중요한 '가설Hypothesis' 설계 단계이다.

가설은, 결론이 아닌 과정에 대한 것이어야

데이터 분석에 능숙하지 않은 분들에게 "데이터 분석에 대한 가설을 잡아보세요." 라고 하면, 대부분 **"캠핑 시장은 앞으로 성장할 것이다!"**라는 문장 하나를 적어 오는 경우가 많다. 물론 이런 가설도 때때로 중요하다. **데이터 분석에 이미 정통한 분들의 가설은 결론에 대한 것이어도 된다.** 이미 어떻게 접근하면 되는지, 어떤 데이터들을 살펴봐야 하는지 수많은 경험을 통해 충분히 내재화되어 있을 테니까.

하지만 데이터 분석 초보라면, 이런 종류의 가설이 분석에 전혀 도움이 되지 않는다. 데이터 분석에서 가설을 세운다는 것은 분석할 내용들에 대한 아이디어(단서)를 얻고자 하는 것인데, 결론에 대한 하나의 가설만 세우면 분석할 내용들을 다시 생각해야 하기 때문이다. 바로 이 지점에서 진도가 안 나가는 경우가 많다.

초보라면 자신이 어떤 데이터들을 봐야 하는지에 적합한 가설을 세워야 하고, 그 가설은 결론을 위한 가설이 아닌, 과정을 위한 가설이어야 한다. 그래서 필자는 이 과정을 '꼬리에 꼬리를 무는 가설'이라고 정의했다.

정리하면 <캠핑 → 캠핑용품 → 보조배터리 → 머렐 → 캠핑음식 + 캠핑요리>까지 이어지는 생각의 흐름을 통해서 어떤 데이터를 봐야 하는지 결정하기 위한 최소한의 궁금증, 즉 호기심을 갖는 과정이 필요하다는 것이다. 데이터들을 보면서 분석가 스스로 궁금한 점들이 생겨야 한다. 그리고 그 궁금한 점을 문장으로 정리하고, 그 문장들에 해당하는 데이터들은 어떤 걸 보면 좋을지 미리 고민해 봐야 한다. 그래야 이런 저런 데이터들을 분석할 수 있는 동력이 생긴다.

가설은, 궁금한 내용을 정리하는 것부터

만약 가설을 문장으로 정리하기 힘들다면 아래처럼 궁금한 내용들을 적는다고 생각해 보자.

캠핑과 캠핑용품, 캠핑음식, 캠핑요리의 추세는 어떤 관계가 있을까?
- 2016년 1월 1일 ~ 2024년 5월 31일 전체 기간 동안의 캠핑/캠핑용품/캠핑음식/캠핑요리에 대한 일별, 월별 검색 추이 파악
- 2020년 코로나19가 시작된 전후 추이 비교
- 봄, 여름, 가을, 겨울 등 계절(시즌)에 따른 추이 비교 등

캠핑용품 중 주로 어떤 품목들이 소비자들의 관심을 받고 있을까?
그중 보조배터리 위상은?
- '캠핑' 연관키워드 1,000개 중 '품목'에 해당하는 키워드 선별(텐트, 전구, 등산화, 테이블 등 다양할 것으로 예상)
- 세부 품목들에 '보조배터리'를 포함하여 비교

캠핑용품 중 어떤 브랜드가 인기가 있을까? 그중 머렐의 위상은?
- '캠핑' 연관키워드 1,000개 중 캠핑 브랜드에 해당하는 키워드 선별
- 연관키워드에서 나오지 않으면, '캠핑브랜드' '캠핑용품브랜드' 등으로 확장하여 추가 검색

캠핑음식과 캠핑요리는 합쳐야 할까, 구분해서 분석해야 할까?
- 캠핑음식과 캠핑요리 등 외에도 밀키트 등의 추가 검색 키워드가 있을 것
- 캠핑에는 음식이 매우 중요할 것이므로 이는 별도의 영역으로 할애해, 다양한 키워드를 살펴본 뒤 의미 있는 키워드들을 선별하여 그룹화하는 것이 적합할 것

가설이 구체화되면 '목차'가 된다.

이렇게 가설을 정리해 놓은 내용을 보면, 정리 방식이 중구난방이다. 어떤 항목은 분석 날짜와 추출 키워드가 명확한 것도 있지만 어떤 항목은 그런 내용 없이 추가로 봐야 할 검색어만 들어간 경우도 있다. 그때그때 생각나는 방향과 내용이 다르기

때문이다. **형식에 구애받지 않고 최대한 자신이 가진 언어로 표현 가능한 범주 내에서 '생각을 내 뱉듯이' 정리해야 한다.** 그게 정리의 기본이다. 형식은, 나중에 구체화하는 과정에서 해도 된다.

그럼, 이왕 말이 나왔으니, **앞서의 투박한 생각 정리 내용들을 조금 더 보고서의 쓰임새에 맞게 정돈하면 어떤 느낌일지 '형식에 맞춰' 작성해 보자.** 당장은, 가설의 호기심을 평서문으로 바꾸고 하위에 포함될 접근 데이터들의 표현 방식을 통일하는 정도면 된다.

캠핑에 대한 수요는 크게 '캠핑용품'과 '캠핑음식(요리)'로 구분 필요
- 전체 데이터 분석 기간 : 2016.01.01 ~ 2024.05.31 (최근 7.5년)
- '월간검색수' 기준 검색량이 유사한 상위 대표 키워드를 선정하여 추이 비교(캠핑/캠핑용품/캠핑음식/캠핑요리 등)
- 코로나19 이슈 전후 및 계절성 파악을 위해 일별/월별 분석 혼용

캠핑용품 중, 텐트 외에도 다양한 '일상적 용품'에 대한 수요가 높을 것
- 데이터 분석 기간 및 분석 방향 동일
- 전체 중 캠핑용품 관련 키워드를 목록화한 후, 분석 결과를 통해 주요 품목 선정
- 텐트, 전구, 등산화, 테이블 등 캠핑용품과 그 외 용품으로 그룹 구분(보조배터리 등)

캠핑 수요 증가에 따라 '캠핑용품' 브랜드들 역시 수요 증가 중일 것
- 데이터 분석 기간 및 분석 방향 동일
- 캠핑 브랜드 관련 키워드를 목록화한 후, 데이터 분석 결과를 통해 주요 대상 선정
- '캠핑' 연관키워드가 미미할 시 '캠핑브랜드' '캠핑용품브랜드' 등으로 검색 확장

최근의 캠핑 수요 증가는 '캠핑음식'에 대한 수요 증가가 큰 영향을 미쳤을 것
- 데이터 분석 기간 및 분석 방향 동일
- 전체 중 캠핑음식 관련 키워드를 목록화한 후, 분석 결과를 통해 주요 대상 선정
- '음식' 종류별, 취식 및 요리 형태별 데이터를 최대한 그룹화해 수요 파악

눈치챘을지 모르겠지만, 가설이 형식에 맞춰 정돈되면 '목차'와 닮게 된다.

각 키워드와 질문을 통해 생각을 정리하고 구체화하는 과정은, 분석할 내용을 구조화하는 데 큰 도움이 된다. 이는 결국 분석 보고서나 발표 자료의 목차와 유사한 형태로 나타나게 되며 이러한 구조화된 접근 방식은 데이터 분석의 효율성을 높이고, 결과를 명확하게 전달하는 데 중요한 역할을 한다.

가설은, 자신이 당장 보고 싶은 데이터들을 기반으로 작성되는 것이므로, 결국에는 자신이 분석할 내용들과 맞닿아 있다. 분석 내용들이 결국 목차가 될 것이므로 가설을 잘 정리해 놓으면 목차를 만들기도, 또 데이터 분석 결과들을 한데 모아서 흐름을 만들기도 좋다. 그리고 우리가 데이터 분석에서 그토록 강조하는, 스토리텔링의 근간도 여기에 있다.

데스크 리서치
(Desk Research)

생각하는 방법을 스스로 깨우쳐야

그런데 이렇게 데이터를 하나도 보지 않고 가설을 정리하려고 하면 막히는 경우가 대다수일 것이다.

적어도 누군가를 가르쳐 본 경험에 의하면 그랬다. 여기에는 두 가지 원인이 있다. 하나는 '생각하는 방법'을 몰라서 '이런 방식으로 생각해 본 적'이 없기 때문이다. 생각해 본 적이 없으니 생각하는 방법을 모르는 것이다. 생각하는 방법을 가르쳐 주면 되지 않냐고 할지도 모르겠지만 필자는 그 방법을 모른다.

생각하는 방법은 공통된 순서가 있는 게 아니라 자신도 모르게 체화된 어떤 로직 Logic에 의해서 그렇게 되는 것이기 때문이다. 그러니 생각에 생각을 거듭하면서 깨우쳐야 한다.

분석 이전에 시장에 대한 공부가 필수

나머지 하나는 자신이 분석하고자 하는 콘텐츠에 대한 최소한의 지식이 없기 때문이다. 지금 나에게 당장 '대한민국 아이돌 문화'에 대한 분석을 진행하라고 하면 (나름의 노하우를 가지고 어떻게 접근이야 하겠지만) 당장 이 책을 이끌어 갈 만큼의 콘텐츠를 뽑아 내기는 어려울 것이다. 그래서 **데이터 분석을 위한 가설을 잡을 때 너무 막막하다면 최소한의 지식을 얻기 위한 공부를 해야 한다.**

인터넷을 통해 직접 검색할 수도 있겠지만, 챗GPT를 사용해 보자. 잘 모르는 시장에 대해 공부할 때는 문답을 통한 방법이 가장 효율적일 수 있다.

대한민국 캠핑 시장에 대해 알려 줘.

ChatGPT

대한민국의 캠핑 시장은 최근 몇 년간 급성장했으며, 다양한 요인들이 이 성장을 촉진하고 있습니다. 2024년 대한민국 캠핑 장비 시장은 약 7조 원 규모로 추정되며, 주요 트렌드로는 에코투어리즘, 디지털 소매 혁신, 지속 가능한 제품 혁신 등이 있습니다.

캠핑은 산악 지역, 해안 지역, 국립공원 등 다양한 자연환경에서 활발히 이루어지고 있으며, 도시 내 공원과 강변에서도 인기를 끌고 있습니다. 캠핑 장비 시장은 텐트, 침낭, 요리 도구 등 다양한 제품군으로 세분화되어 있으며, 품질과 혁신을 통한 브랜드 차별화가 중요합니다.

코로나19 팬데믹으로 인해 캠핑이 안전한 야외 활동으로 주목받으며 수요가 증가했고, 이는 시장 성장에 긍정적인 영향을 미쳤습니다. 앞으로도 지속 가능한 제품과 디지털 마케팅 전략을 통해 시장이 더욱 확장될 것으로 예상됩니다.

좋은 얘기지만 이 내용에서 끝내면 안 된다. 데이터 분석을 위한 챗GPT 활용은 내 두뇌를 깨우기 위한 문답이어야 한다.

챗GPT와의 문답을 통한 시장 공부 방법

챗GPT에게 추가 질문을 해보았다.

코로나 전후로 캠핑 시장이 성장했다는 것에 대한 그래프 차트를 보여 줄 수 있어?

ChatGPT

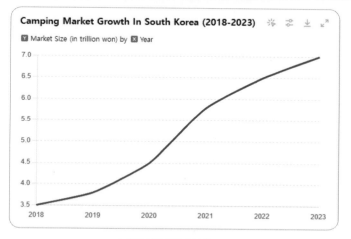

▲ 캠핑 시장 성장 추이 차트

위 그래프는 2018년부터 2023년까지 대한민국 캠핑 시장의 성장 추이를 나타낸 것입니다. 코로나19 팬데믹 전후로 시장 규모가 꾸준히 증가한 것을 확인할 수 있습니다. 2019년 3.8조 원에서 2020년 4.5조 원으로 증가하였으며, 팬데믹 기간 동안에도 2021년 5.8조 원, 2022년 6.5조 원, 2023년 7조 원으로 계속 성장했습니다. 이 그래프는 코로나19로 인해 캠핑이 안전한 야외 활동으로 인기를 끌면서 시장이 급성장한 것을 보여 줍니다.

가설이 무엇이라고 했던가? 궁금증이자 호기심이다. 차트에서 무엇이 보이는가? **2020년 이전까지 비교적 고르게 증가하던 추이가 2020년 이후로 가파르게 상승한 뒤, 2021년쯤에 꺾인 것으로 보인다.** 실제 데이터도 그런지 챗GPT한테 물어보자. 데이터를 좀 더 직관적으로 보기 위해 표 형태의 데이터 추출을 요구했다.

ChatGPT

Camping Market Growth In South Korea (2016-2023)

	Year	Market Size (in trillion	
1	2016	2.5	
2	2017	3.0	
3	2018	3.5	
4	2019	3.8	
5	2020	4.5	
6	2021	5.8	

▲ 캠핑 시장 성장 추이 표

차트의 값을 표 형태로 정리한 데이터입니다. 'Camping Market Growth in South Korea (2016-2023)' 표에서 연도별 시장 규모를 확인할 수 있습니다.

숫자를 보니 크고 작고는 알겠는데 여전히 직관적이지는 않다. 추가 요청을 해 보자.

성장률 데이터를 기반으로 현황 파악하기

시장 규모 오른쪽에 연간 증가율을 '%' 단위로 해서 소수점 한 자리까지 표시해 줘.

ChatGPT

Camping Market Growth In South Korea (2016-2023) With Growth Rates

	Year	Market Size (in trillion won)	Annual Growth Rate (%)
1	2016	2.5	
2	2017	3.0	20.0
3	2018	3.5	16.7
4	2019	3.8	8.6
5	2020	4.5	18.4
6	2021	5.8	28.9
7	2022	6.5	12.1
8	2023	7.0	7.7

▲ 캠핑 시장 연간 증가율 첨부 자료

표에 연간 증가율을 추가한 결과입니다. 연도별 시장 규모와 증가율을 함께 확인할 수 있습니다.

자, 이제 무엇이 보이는가. 2019년의 성장률만 8.6%로 2018년과 2020년 대비 현저히 낮은 것을 확인할 수 있다. 또 한 가지 눈에 띄는 부분은, 2021년 성장률이 28.9%로 코로나19가 발생했던 2020년 대비로도 확연히 높아졌으며, 2022년에는 12.1%로 다시 낮아졌다는 것이다.

이를 통해 예상할 수 있는 것은 무엇일까? 무슨 이유에서 인지 2019년까지의 캠핑 시장 성장률은 계속 낮아지고 있었다. 시장이 그렇게 커지고 있지 않았다는 것이다. 그런데 갑자기 2020년, 전 세계적으로 불어닥친 코로나19로 인해 시장이 팽창했다. 이쯤 되면 또 여러 가지 소설을 써 보고 싶은 생각이 들 것이다. 지금 그 느낌을 기억해야 한다. 왜 나는 갑자기 할 말이 많아졌는가.

2017년(3.0) 대비 2018년(3.5)의 시장 규모가 얼마나 성장했는지를 알려면, (3.5-3.0)/3.0을 하면 된다. 그러면 0.1666…이 되고, 이 값을 %로 환산하기 위해 100을 곱하면 16.6666…의 값이 나온다. 마지막으로 소수점 둘째 자리에서 반올림하면 16.7(%)가 된다. 기존에는 엑셀로 했을 계산을 챗GPT가 해주니 얼마나 편한가.

이렇게 챗GPT를 통해 얻은 결과물들은 '파일file'로도 저장이 가능하다. 이왕 여러 가지 질문을 하면서 데이터를 얻었으니 그때그때 내 컴퓨터에 저장해 두자. 언제 쓸지 모르니까.

필자는 이후로도 여러 가지 질문을 거치면서 차트까지 그려봤는데 일일이 캡처 내용을 열거할 수 없으니 질문 항목들과 최종 결과물만 공유해 보겠다.

✿ 추가 요청 내용
- 지금 그려 준 월 단위 표를 '시장 규모'와 '성장률'이 모두 포함되게 선 차트로 만들어 줘
  (*이 결과는 나중을 위해 엑셀 파일로 다운로드해 놓는 것이 좋다.).
- '시장 규모'는 막대그래프로 하고 '성장률'은 선그래프로 해줘.
- 막대그래프 색상은 '연한 회색'으로 해주고 선그래프는 '두껍게' 해줘.
- X축의 항목은 3개월 단위로 해줘.
- 범례와 X축에 있는 Text 크기를 '두 배' 키워 줘.
- 글자크기를 더 키워 줘.
- 성장률의 최솟값을 0.5로 해줘.

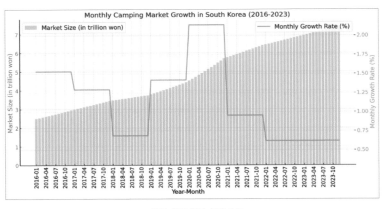

▲ 캠핑 시장 월간 성장 추이

참고로 이렇게 명령을 내리고 데이터를 이런 저런 형식으로 바꾸는 과정은 모두 데이터 분석의 일환이다. 그리고 이 모든 과정은 엑셀로도 가능하고, 코딩을 활용해도 가능하고, 지금처럼 챗GPT를 활용해도 가능하다.

데스크 리서치 정의

이렇게 챗GPT에 여러 가지 질문을 하며 시간을 보내다 보면, '캠핑' 시장에 대해서 어느 정도 감이 잡힐 것이다. 그리고 이렇게 질문을 거듭하는 동안 여러분은 자신도 모르는 사이에 이미 데이터 분석을 하고 있었다.

앞서 가설이 무엇이라고 했는지 기억하는가? 맞다. 호기심이다. 그리고 그 호기심은 과정에 대한 것이며 꼬리에 꼬리를 무는 것이어야 한다. **직접 그린 차트를 보면서 스스로 호기심이 생겨야 다음에 무엇을 분석할지 알 수 있다.** 잘 된 분석은 스스로에게 호기심을 남기는 법이다.

'데스크 리서치Desk Research'는 말 그대로 책상에 앉아서 하는 시장 조사이다. '2차 자료 Secondary Data'라고도 하는, 여기서의 '2차'는 '1차 다음의 2차'라는 의미가 아니라, **영어 표현Secondary에서 알 수 있듯이, 추가 데이터라는 의미다.** Sub Data* 로써, 보통 분석 중인 데이터가 설명하지 못하는 부분들을 외부 조사 자료를 활용하여 추가 · 보완하는 역할로 활용된다.

---

*   Mmain Data(핵심 데이터, 메인 데이터), Sub Data(추가 데이터, 보조 데이터)의 의미로 실무에서 사용하는 용어

06

데이터 구조
파악하기

분석 주제와 분석에 활용할 데이터를 선정하고 주어진 데이터의 특성과 한계를 이해한 뒤 분석 가설을 정리했다면, **그 다음은 데이터의 구조 파악을 통해 분석의 범위를 좁히며 정의해야 한다.**

전체 연관어 대상 분석 범위 탐색

앞서 가설 과정에서 도출했던 7개의 키워드가 아닌, **도출 가능한 전체 1,000개의 키워드를 대상으로 쓸만한 키워드를 골라 보자.** 먼저 검색광고 사이트로 돌아가 연관키워드 전체를 '다운로드'한다. 다운로드 버튼은 아래와 같이 연관키워드를 검색하는 창의 오른쪽 아랫부분에 있다.

▲ 검색광고 〉 키워드 도구 〉 연관키워드

파일을 '엑셀Excel'로 받았다면, 챗GPT에 드래그Drag해서 붙여 넣자. 어떠한 설명도 추가할 필요가 없다. 업로드한 데이터가 어떤 내용이고 어떤 구성으로 되어 있는지 역으로 설명하는 건 챗GPT의 몫이다.

(검색광고 사이트에서 다운로드한 파일을 챗GPT에 업로드)

ChatGPT

업로드하신 파일의 데이터를 성공적으로 불러왔습니다. 다음은 데이터의 첫 몇 행을 나타낸 것입니다 :

연관 키워드	월간검색 수(PC)	월간검색 수(모바일)	월평균클 릭수(PC)	월평균클릭 수(모바일)	월평균클 릭률(PC)	월평균클릭 률(모바일)	경쟁 정도	월평균 노출 광 고수
캠핑	15,100	60,600	27.6	303.0	0.2%	0.54%	높음	7
캠핑 용품	15,800	66,400	211.1	1696.4	1.47%	2.73%	높음	15
캠핑 음식	16,300	67,000	63.1	641.8	0.45%	1.14%	중간	10
머텔	5,000	21,800	25.4	337.4	0.55%	1.66%	중간	10
천안 호텔	1,820	6,420	10.5	119.4	0.64%	2.03%	중간	10

업로드하신 엑셀 파일에는 다음과 같은 연관키워드 정보가 포함되어 있습니다 :

1. **연관키워드** : 관련 키워드
2. **월간검색수(PC)** : PC에서의 월간 검색 수
3. **월간검색수(모바일)** : 모바일에서의 월간 검색 수
4. **월평균클릭수(PC)** : PC에서의 월평균 클릭 수
5. **월평균클릭수(모바일)** : 모바일에서의 월평균 클릭 수
6. **월평균클릭률(PC)** : PC에서의 월평균 클릭률
7. **월평균클릭률(모바일)** : 모바일에서의 월평균 클릭률
8. **경쟁정도** : 경쟁 정도
9. **월평균노출 광고수** : 월평균 노출 광고 수

통계적 대푯값 정의

이어서 데이터의 구조 전반을 확인하기 위한 '기초 중의 기초' 질문을 해보자.

	월간검색수에 대한 대푯값을 알려줘.
ChatGPT	월간 검색수(모바일)에 대한 대푯값은 다음과 같습니다. • **평균값 (Mean)** : 4835.33 • **중앙값 (Median)** : 785.0 • **최빈값 (Mode)** : 30

질문에서 의도한 '대푯값'이라는 건 단순이 무언가를 대표한다는 의미의 일반 명사가 아닌 '통계적 의미에서의 대푯값representative value'을 의미하는데, 정말 놀라운 건, **질문에서 '통계적' 등의 수식어를 덧붙이지 않았음에도 챗GPT가 알아서 '통계적 용어인 대푯값'으로 이해했다는 것**이다.

챗GPT의 대답처럼 통계에서 '대푯값'은 통상 평균값Mean/중앙값Median/최빈값Mode의 세 가지로 나뉜다.

'**평균값**'은 **데이터의 총합을 데이터 개수로 나눈 값**이다. '중앙값'은 데이터 값들을 순서대로 정렬했을 때 **가운데에 위치하는 값**이다. '최빈값'은 데이터에서 **가장 빈번하게 등장하는 값**이다.

대푯값 설명 예시

이 세 가지 대푯값의 의미 차이를 예전에 어떤 팟캐스트에서 설명해준 걸 들었는데, 아주 쉽고 재미있어서 잠깐 소개해 보겠다(기억이 선명하지는 않아서 잘 표현할 수 있을지 모르겠지만).

올림픽 양궁 결승전이다. 대한민국은 8점이 뒤처지고 있는데 마지막 한 발이 남았고, 감독은 선수 세 명 중 한 명을 지명할 수 있다. 선수1의 전적을 보면 평균 8점을 쏘는 선수다. 1점도 쏘고, 2점도 쏘고, 8점도 쏘고, 10점도 쏘는데 어쨌든 평균을 내보면 8점이 된다. 선수2가 쏜 점수들을 보면 10점대가 몇 개, 9점대가 몇 개, 8점대가 몇 개,

7점대가 몇 개, 6점대가 몇 개 정도 되어서 중간값이 8점이다. 선수3은 8점대를 쏜 횟수가 가장 많았다. 이 경우 감독은 누구를 내보내야 할까? 평균 8점일까? 중간값 8점일까? 최빈값 8점일까? 나 같으면 8점을 가장 많이 쏴 봤던 선수에게 기회를 줄 것 같다.

대푯값 기반의 데이터 구조 파악

개념은 대략 이런 정도로 하고, 챗GPT가 도출해 준 결과를 기반으로 데이터의 구조를 파악해 보자.

평균값은 4,835/중앙값은 785/최빈값은 30이다. 여기서 눈여겨봐야 할 것은, **평균값과 중앙값의 차이가 매우 크다는 것이다**. '평균값'과 '중앙값'의 차이가 크면 클수록 데이터는 어느 한 쪽에 치우쳐 있다는 의미가 된다.

예를 들어 보자.

1, 2, 3, 4, 5, 6, 7, 8, 9, 10, 11 등 1부터 11까지로 구성된 11개의 데이터가 있다고 해 보자. 중간값과 평균값을 계산하면 모두 동일하게 6이다. 1부터 10까지의 숫자들은 그대로 두고 **마지막 11만 111로 바꾸면 어떻게 될까**.

중간값은 가운데 위치가 동일하니 여전히 6이 되지만, **평균값은 총합이 기존 66에서 166으로 커졌으니 15.1로 커진다**. 중간값과 평균값의 격차가 벌어진 것이다. 이렇게 평균값과 중간값의 격차가 크면 데이터의 어느 한쪽 부분이 비약적으로 큰 값을 가지고 있다는 얘기가 된다.

No	데이터 구조	총합	평균값	중간값	평균-중간
Case 1	1, 2, 3, 4, 5, 6, 7, 8, 9, 10, 11	66	6	6	0
Case 2	1, 2, 3, 4, 5, 6, 7, 8, 9, 10, 111	166	15.1	6	9.1

▲ 중간값과 평균값의 격차가 벌어지는 예시

이 대푯값을 가지고 데이터를 파악하는 게 왜 중요할까?

우리가 보는 데이터가 위의 예시처럼 11개의 항목이라면 굳이 이런 복잡한 과정을 거치지 않아도 된다. 최솟값은 1이고 최댓값은 11이며, 순차적으로 1씩 증가하는 형태라는 것을 직관적으로 알 수 있다. 데이터 개수가 111개라면? 1,111개라면? 셀 수도 없을 만큼 큰 100만 개라면?

그러므로 데이터가 어떤 '분포'로 이루어져 있는지를 파악하는 게 가장 우선되어야 한다.

산포도를 활용한 데이터 분포 파악

그럼, 왜 가장 먼저 데이터 분포를 파악해야 하는가? 단순히 '숫자로 된 데이터의 구조를 파악하는 방법은 대푯값을 보는 것'이라고 외우면 안 된다. '분포'라는 단어의 사전적 의미는 '일정한 범위에 흩어져 퍼져 있음'을 의미하며 따라서 데이터가 고르게 퍼져 있는지 한쪽으로 쏠려 있는지를 알아보기 위한 것이다. 챗GPT를 활용해 가상의 데이터로 분포 이미지를 그려 봤으니 참고해 보자.

산포도 예시를 그려 줘.

ChatGPT

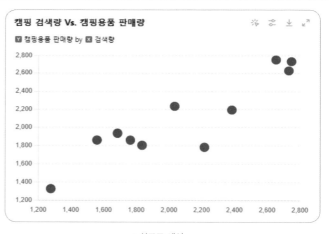

▲ 산포도 예시

위 산포도는 2010년부터 2020년까지 각 연도별로 캠핑 키워드의 검색량과 캠핑용품 판매량 간의 관계를 보여 줍니다. X축은 검색량을 나타내며, Y축은 캠핑용품 판매량을 나타냅니다. 이를 통해 검색량과 캠핑용품 판매량 사이의 상관관계를 시각적으로 확인할 수 있습니다.

우리가 사용하는 연관검색 데이터를 예로 들면, 1천 개의 연관키워드의 월간검색수가 대부분 일정한지 특정 키워드만 검색 수가 많은지 등을 알아보기 위해 분포를 살펴볼 수 있다. 왜 이런 과정이 필요할까? **검색량이 매우 적은 키워드는 사람들이 잘 검색하지 않는 키워드일 확률이 높으므로 제외할 수 있기 때문**이다.

데이터의 정제와 가공은 모두 쓸만한 데이터를 추출하거나, 쓰기 좋게 데이터를 만드는 과정이다.

그러기 위해서는 데이터를 잘라내고 붙일 '기준'을 설정해야 하는데, 데이터가 커지면 커질수록 데이터를 일일이 보면서 기준을 만들기가 쉽지 않다. 때문에 몇몇 검증된 방법들을 활용해서 자신이 봐야 할 데이터의 범위를 점점 좁혀 나가는 방식을 사용하는 것이다.

차트를 통해 분포를 확인하는 방법

다시 챗GPT가 등장할 차례다.

데이터 분포를 확인해 줘.

ChatGPT

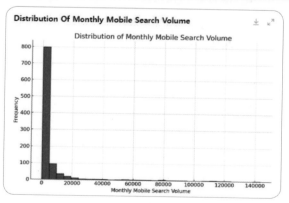

▲ 데이터 분포 확인을 위한 막대 차트

위의 그래프는 '월간검색수(모바일)'데이터의 분포를 보여 줍니다. 대부분의 검색어는 낮은 검색 수를 가지며, 일부 검색어만 높은 검색 수를 보이는 것을 알 수 있습니다.

챗GPT가 그린 분포도를 보면 X축이 '월간검색수'이고 Y축이 '키워드 개수'에 해당한다. 즉 맨 왼쪽의 0건 가까이 되는 키워드들이 800개 정도가 된다는 얘기다. 직관적으로 이해하기 어려운가? 사실, 필자도 그렇다. 그래서 이 차트를 몇 번의 수정을 거쳐서 다음과 같이 만들어 봤다.

- 연관키워드, 월간키워드수(모바일) 데이터만 남기고 삭제해 줘.
- 데이터 분포를 선 차트로 그려 줘.
- 내림차순으로 정렬해 주고 차트 색상은 빨간색으로 바꿔 줘.

ChatGPT

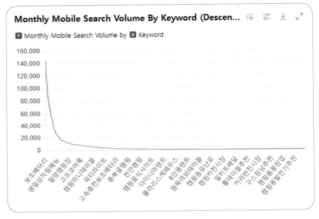

▲ 키워드별 검색량 비교 차트

위의 그래프는 '월간검색수(모바일)' 데이터의 분포를 보여 줍니다. 대부분의 검색어는 낮은 검색 수를 가지며, 일부 검색어만 높은 검색 수를 보이는 것을 알 수 있습니다.

다행히 1천 개의 키워드를 모두 분석할 필요는 없다는 확신이 들었으니 다음 장에서는 쓸만한 데이터를 뽑아 내는 과정을 조금 더 세밀하게 다뤄 보자.

챗GPT를 활용한 데이터 구조 파악 방법

그전에, 앞서 설명한 대푯값에 기반해서 이 데이터가 어떤 구조를 가지는지 챗GPT에게 물어보자.

ChatGPT

데이터 구조 분석:

1. 왜도 (Skewness) :

- 평균값이 중앙값보다 훨씬 크고, 최빈값은 매우 작은 값입니다. 이는 데이터가 오른쪽으로 긴 꼬리를 가진 분포를 보인다는 것을 의미합니다. 즉, 일부 큰 값들이 평균을 끌어올리고 있습니다.
- 이런 경우, 데이터가 오른쪽으로 치우(positive skew) 분포를 가집니다.

2. 중앙값 :

- 중앙값이 평균값보다 훨씬 낮기 때문에, 대부분의 데이터가 평균 이하에 분포하고 있다는 것을 알 수 있습니다. 이는 데이터의 절반 이상이 785 이하의 값을 가지고 있다는 것을 의미합니다.

3. 최빈값 :

- 최빈값이 30이라는 것은 데이터에서 가장 자주 등장하는 값이 30이라는 것을 의미합니다. 이는 대부분의 키워드가 비교적 낮은 검색수를 가진다는 것을 나타냅니다.

결론 :

- 데이터는 비대칭적이며, 몇 개의 큰 값이 전체 평균을 크게 만들고 있습니다. 이런 경우, 평균보다는 중앙값을 대푯값으로 사용하는 것이 더 적절할 수 있습니다.
- 데이터의 분포를 더 명확히 파악하기 위해 히스토그램이나 상자 그림(box plot)을 그려 보는 것도 좋은 방법입니다.

역시 챗GPT는 똑똑하다. 같은 말이라도 챗GPT가 정리해 주면 참 있어 보인다.

그런데 우리는, 챗GPT의 결론대로 **대푯값을 소중한 데이터로 활용하지는 않을 것이다. 대푯값을 본 것은 그저 데이터 구조를 확인하기 위함**이었으니까. 지금은 간단하게 대푯값을 활용했지만, **데이터의 구조를 파악하는 방법은 여러 가지가 있다.** 데이터의 구조를 파악한다는 것은, '구조'라는 용어가 낯설어서 그렇지 그저 **데이터를 분석하기 위해 '깊이 있게 들여다본다'는 의미에 불과**하다. 데이터를 들여다보려면, 값들이 어떻게 분포되어 있는지, 차트를 그렸을 때 모양이 어떤지 등을 보는 과정이라고 쉽게 생각하면 이해가 빠를 것이다. 데이터 구조를 파악하는 방법은 분석가마다 각자의 노하우가 있다.

7

본격적인 데이터 정제와 가공

평균값 이상인 항목 추리기

앞서 연관키워드 항목과 월간검색수(모바일) 항목만 남기고 나머지 데이터를 삭제 했으니, 한 번 더 평균값 이상인 항목만 남겨 보자.

 평균값 이상인 항목만 남기고 나머지는 다 삭제해 줘.

ChatGPT

Filtered Data Above Mean ↓ ↗

		연관키워드	월간검색수(모바일)
1	0	캠핑	61600
2	1	캠핑용품	69300
3	2	캠핑음식	66000
4	3	머헬	22500
5	4	천안호텔	6530
6	5	보조배터리	143500

▲ 평균 값 이상인 연관키워드 선택 결과

필터링된 파일을 엑셀로 다운로드한다.

그런데 다운로드한 파일을 열면 한글이 깨질 때가 있다. **인코딩**encoding, 데이터를 특정 형식으로 변환하는 과정 오류인데 이때는 **챗GPT에게 반복적으로 요청**하면 된다. 챗GPT가 여러 방법을 통해 다운로드 링크까지 제공해 주니 깨지지 않은 파일을 받을 수 있을 것이다.

	한글이 깨지는데?
ChatGPT	한글 깨짐 문제를 해결하기 위해 다음과 같은 절차를 시도하겠습니다 : 1. 데이터를 CSV로 저장합니다. 2. 데이터를 UTF-8로 인코딩하여 다시 불러옵니다. 3. 데이터를 다시 Excel 파일로 저장합니다. 이 과정을 통해 인코딩 문제를 해결해 보겠습니다. 조금만 기다려 주세요. 한글 깨짐 문제를 해결한 데이터를 포함한 엑셀 파일을 아래 링크에서 다운로드할 수 있습니다 :

만약 계속해서 한글 깨짐 현상이 발생한다면, 챗GPT에게 계속 요구해 보자. 만약 그래도 안되면 새 창을 열어서 다시 파일을 업로드하는 방식도 있다. 챗GPT는 하나의 창에서 대화를 하다가 일정 시간이 경과하면 대화하고 있던 기억을 모두 잃어 버리기 때문에, 대화 시간이 만료되었다면 새 창에서 새롭게 대화를 진행해야 한다.

챗GPT를 활용해 파일의 가독성 높이기

처음에 받았던 1천 개의 연관키워드 중 평균값(4,835) 이상인 연관키워드들을 추리니 총 200개의 키워드가 남았다. 이 키워드들이 무엇인지, 또 이 내용들로 어떤 분석을 진행할 수 있을지 가늠하기 위해 데이터를 다운로드했는데 다행히 더 이상 한글이 깨지지는 않지만 보기가 불편해 추가 명령을 내렸다.

	파일에서 숫자는 1천 단위로 콤마(,)를 찍어 주고 열 간격은 안에 글자가 다 보이도록 넓혀 줘.
ChatGPT	파일에서 숫자는 1천 단위로 콤마(,)를 추가하고, 열 간격을 조정한 최종 엑셀 파일을 아래 링크에서 다운로드할 수 있습니다 :

이 명령은 다분히 필자의 습관인데, 데이터를 볼 때 천 단위 이상이 되는 숫자는 반드시 콤마를 찍어야 마음이 편하다. 해당 **숫자의 길이가 길어질 때 천 단위로 찍힌 콤마의 개수를 통해 십만인지 백만인지 등을 알아보기 위함이기도 하고, 콤마가 찍히지 않은 숫자는 숫자가 아닌 문자로 보이기 때문**이다.

데이터 분석가들마다 이런 자잘한 습관들이 있다. **습관이 있다는 것은 어쩌면 그만큼 데이터를 면밀히 봤던 수많은 경험이 있었다는 증거일**지도.

그래서 얻은, 콤마가 찍혀 있지 않고 열칼럼, Colume 간격이 좁은 엑셀 파일과 콤마가 찍혀 있고 열 간격이 조금 넓어진 엑셀 파일의 시각적 차이는 다음에서 확인할 수 있다.

	A	B	C
1	연관키워드	검색수(모바일)	
2	캠핑	61600	
3	캠핑용품	69300	
4	캠핑음식	66000	
5	머렐	22500	
6	천안호텔	6530	
7	보조배터리	143500	
8	캠핑요리	28100	
9	캠핑페어	5380	
10	캠핑장예약	15700	
11	오토캠핑장	40000	
12	전시회	95600	
13	펜션	88900	
14	캠핑밀키트	15700	

	A	B	C
1	연관키워드	간검색수(모바일)	
2	캠핑	61,600	
3	캠핑용품	69,300	
4	캠핑음식	66,000	
5	머렐	22,500	
6	천안호텔	6,530	
7	보조배터리	143,500	
8	캠핑요리	28,100	
9	캠핑페어	수정된	
10	캠핑장예약	부분	
11	오토캠핑장		
12	전시회		
13	펜션	88,900	
14	캠핑밀키트	15,700	

▲ 천 단위 콤마 삽입 결과 비교

쓸만한 데이터를 선별하는 과정

이제 연관키워드만 집중해서 쓸만한 데이터(키워드)가 뭐가 있는지 챗GPT를 통해 살펴보자.

> - 200개의 연관키워드를 나열해 줘.
> - 개수가 많으니 20개씩 끊어서 10행으로 만들어 줘.

ChatGPT

다음은 200개의 연관키워드를 20개씩 끊어서 10행으로 정리한 것입니다 :

① 캠핑, 캠핑용품, 캠핑음식, 머렐, 천안호텔, 보조배터리, 캠핑요리, 캠핑페어, 캠핑장예약, 오토캠핑장, 전시회, 펜션, 캠핑밀키트, 아웃도어브랜드, 인산철배터리, 등산복, 등산화, 전남글램핑, 캠핑장비, 카니발차박

② 웨이크보드, 당일글램핑, 캠핑박람회, 당일치기여행, 차박용품, 글램핑장, 청주캠핑장, 럭셔리글램핑, 캠핑고기, 카라반캠핑장, 트레킹화, 양평가볼만한곳, 천안가볼만한곳, 워터파크, 등산, 차박텐트, 백패킹, 등산복브랜드, 서울근교당일치기여행, 캠핑장추천

③ 차박캠핑장, 바닷가캠핑장, 부산글램핑, 액티비티, 대구글램핑, 홈웨어, 보일링크랩, 바테이블, 글램핑캠핑장, 캠핑음식추천, 밀양캠핑장, 리튬배터리, 우대갈비, 계곡캠핑장, 양평캠핑장, 등산화추천, 괴산캠핑장, 평택캠핑장, 서울근교캠핑장, 태안캠핑장

④ 당일캠핑, IGT테이블, 밀키트, 캠핑이불, 고프코어룩, 당일여행, 청도캠핑장, 대구근교글램핑, 당일치기글램핑, 원터치텐트, 자켓, 여행준비물, 충주캠핑장, 박람회, 전남캠핑장, 토마호크, 고어텍스운동화, 수상스키, 해물찜, 막창

⑤ 꾸지나무골캠핑장, 대구캠핑장, 경남캠핑장, 청도가볼만한곳, 블라디보스톡여행, 애견동반글램핑, 아이폰보조배터리, 러닝복, 차박장소추천, 김해가볼만한곳, 닭꼬치, 키즈글램핑, 카라반캠핑, 등산바지, 야전침대, 당일캠핑장, 캠핑용품점, 파티룸, 캠핑테이블, 가평빠지패키지

⑥ 홈바테이블, 요트, 서울근교글램핑, 돼지막창, 해산물, 여자등산화, 고프코어, 애견동반캠핑, 청주호텔, 여성등산화, 캠핑조명, 텐트추천, 물놀이, 독채펜션, 에어텐트, 가평펜션, 생일상차림메뉴, 대전캠핑장, 폴라리스텐트, 수영장캠핑장

⑦ 남양주캠핑장, 고어텍스, 창원가볼만한곳, 대용량보조배터리, 수영장글램핑, 맥세이프보조배터리, 캠핑의자, 부산캠핑장, 해물탕, 가평빠지추천, 킨텍스전시회, 경량캠핑의자, 캠핑미니테이블, 집들이선물, 웨버바베큐그릴, 남자친구선물, 노르디스크, 고속보조배터리, 일체형보조배터리, 미니보조배터리

⑧ 보조배터리추천, 파라솔받침대, 캠핑가방, 카즈미텐트, 천안글램핑, 트렌드, 담요, 스노우라인새턴2룸, 간절기이불, 간이침대, 토르박스75, 라꾸라꾸, 인디언행어, 차량용품, 캠핑준비물, 요트가격, 캠핑침대, 터널형텐트, 토르박스, 노지캠핑

⑨ 네이처하이크에어매트, 대형타프, 이소가스, 네이처하이크, 4인용텐트, 카즈미, 파3골프장, 화순가볼만한곳, 리빙쉘텐트, 캠핑폴딩박스, 대구행사, 아늑호텔, 코베아텐트, 네이처하이크타프, 콜맨텐트, 꼴로르타프, 인천송도가볼만한곳, 네이처하이크자충매트, 스탠리워터저그, 에어텐트추천

⑩ 백패킹텐트, 호텔, 각반, 남자선물, 지라프구이바다, 팝업텐트, 꼴로르침낭, 골제로랜턴, 네이처하이크12X, 모곡밤벌유원지, 대구전시회, 벨락코펠, 윈터치그늘막, 1인용텐트, 캠핑의자추천, 2인용텐트, 캠핑텐트, 렉타타프, 6인용텐트, 인천가볼만한곳

연필을 가지고 있다면 분석할 필요가 있다고 판단되는 키워드에 직접 '동그라미'를 쳐 보자. 그리고 스스로 왜 그 키워드에 동그라미를 쳤는지 생각해 보자. **생각을 하고 문장으로 만들고, 또 누군가에게 설명할 수 있을 만큼 문장을 다듬고, 다듬어진 문장이 생각이 되어 내 것이 되게 늘 연습해야** 한다.

그럼 이제, 필자가 사용하고 싶은 키워드를 표시할 테니 스스로 동그라미 쳤던 부분과 비교해 보자. 빨간색으로 표시해 놓은 부분이 필자가 분석에 쓰려고 선택한 키워드다.

① 캠핑, 캠핑용품, 캠핑음식, 머렐, 천안호텔, 보조배터리, 캠핑요리, 캠핑페어, 캠핑장예약, 오토캠핑장, 전시회, 펜션, 캠핑밀키트, 아웃도어브랜드, 인산철배터리, 등산복, 등산화, 전남글램핑, 캠핑장비, 카니발차박

② 웨이크보드, 당일글램핑, 캠핑박람회, 당일치기여행, 차박용품, 글램핑장, 청주캠핑장, 럭셔리글램핑, 캠핑고기, 카라반캠핑장, 트레킹화, 양평가볼만한곳, 천안가볼만한곳, 워터파크, 등산, 차박텐트, 백패킹, 등산복브랜드, 서울근교당일치기여행, 캠핑장추천

③ 차박캠핑장, 바닷가캠핑장, 부산글램핑, 액티비티, 대구글램핑, 홈웨어, 보일링크랩, 바테이블, 글램핑캠핑장, 캠핑음식추천, 밀양캠핑장, 리튬배터리, 우대갈비, 계곡캠핑장, 양평캠핑장, 등산화추천, 괴산캠핑장, 평택캠핑장, 서울근교캠핑장, 태안캠핑장

④ 당일캠핑, IGT테이블, 밀키트, 캠핑이불, 고프코어룩, 당일여행, 청도캠핑장, 대구근교글램핑, 당일치기글램핑, 윈터치텐트, 자켓, 여행준비물, 충주캠핑장, 박람회, 전남캠핑장, 토마호크, 고어텍스운동화, 수상스키, 해물찜, 막창

⑤ 꾸지나무골캠핑장, 대구캠핑장, 경남캠핑장, 청도가볼만한곳, 블라디보스톡여행, 애견동반글램핑, 아이폰보조배터리, 러닝복, 차박장소추천, 김해가볼만한곳, 닭꼬치, 키즈글램핑, 카라반캠핑, 등산바지, 야전침대, 당일캠핑장, 캠핑용품점, 파티룸, 캠핑테이블, 가평빠지패키지

⑥ 홈바테이블, 요트, 서울근교글램핑, 돼지막창, 해산물, 여자등산화, 고프코어, 애견동반캠핑장, 청주호텔, 여성등산화, 캠핑조명, 텐트추천, 물놀이, 독채펜션, 에어텐트, 가평펜션, 생일상차림메뉴, 대전캠핑장, 폴라리스텐트, 수영장캠핑장

⑦ 남양주캠핑장, 고어텍스, 창원가볼만한곳, 대용량보조배터리, 수영장글램핑, 맥세이프보조배터리, 캠핑의자, 부산캠핑장, 해물탕, 가평빠지추천, 킨텍스전시회, 경량캠핑의자, 캠핑미니테이블, 집들이선물, 웨버바베큐그릴, 남자친구선물, 노르디스크, 고속보조배터리, 일체형보조배터리, 미니보조배터리

⑧ 보조배터리추천, 파라솔받침대, 캠핑가방, 카즈미텐트, 천안글램핑, 트렌드, 담요, 스노우라인새턴2룸, 간절기이불, 간이침대, 토르박스75, 라꾸라꾸, 인디언행어, 차량용품, 캠핑준비물, 요트가격, 캠핑침대, 터널형텐트, 토르박스, 노지캠핑

⑨ 네이처하이크에어매트, 대형타프, 이소가스, 네이처하이크, 4인용텐트, 카즈미, 파3골프장, 화순가볼만한곳, 리빙쉘텐트, 캠핑폴딩박스, 대구행사, 아늑호텔, 코베아텐트, 네이처하이크타프, 콜맨텐트, 꼴로르타프, 인천송도가볼만한곳, 네이처하이크자충매트, 스탠리워터저그, 에어텐트추천

⑩ 백패킹텐트, 호텔, 각반, 남자선물, 지라프구이바다, 팝업텐트, 꼴로르침낭, 골제로랜턴, 네이처하이크12X, 모곡밤벌유원지, 대구전시회, 벨락코펠, 원터치그늘막, 1인용텐트, 캠핑의자추천, 2인용텐트, 캠핑텐트, 렉타타프, 6인용텐트, 인천가볼만한곳

▲ 연관키워드 중 쓸만한 키워드 선별 결과

쓸만한 키워드를 선택한 기준

어떤 기준으로 키워드를 선택했는지 혹은 제외했는지 알겠는가?

필자의 1원칙은 키워드 자체만으로도 캠핑의 의미를 담고 있어야 한다는 것이다. 키워드에 '캠핑' '글램핑' '등산' '차박' 등이 포함되어 있거나 해당 키워드들이 없더라도 캠핑과의 연관성이 상대적으로 높은 키워드들을 선별하는 것이다. 원터치텐트, 노르디스크, 바비큐그릴, 카즈미 등은 캠핑 등의 키워드가 포함되어 있지 않지만, 캠핑과의 연계성이 매우 높다고 인정될 수 있다.

또 '캠핑'을 기준으로 볼 때 연관성이 높은 키워드라고 하더라도, 다른 측면에서 역시 상호 포괄적인지를 보는 것이다.

예를 들어 전시회, 펜션, 당일치기여행, 양평가볼만한곳 등의 검색어는 캠핑 입장에서 보면 연관성이 높을 수 있지만, 반대의 입장에서 보면 연관성이 떨어질 수 있다. 전시회를 검색하는 사람들이 반드시 캠핑 전시회를 검색한다고 볼 수 없는 경우 '캠핑'과 '전시회' 이 두 단어는 상호 포괄적이지 않다.

두 키워드가 상호 포괄적이지 않다면, 함께 데이터를 비교할 수 없다. 캠핑에 대한 수요와 전시회에 대한 수요가 다를 것이고 이 경우 검색이 증가하고 감소하는 시점이 서로 완전히 다를 것이기 때문이다. 두 데이터를 함께 비교하면 오히려 왜곡된다.

하지만 그럼에도 항상 꼭 살리고 싶은 키워드들이 존재한다. 그 키워드가 들어가면 얘기가 더 풍성해질 것이라고 기대하기 때문이다. **'보조배터리'**가 그렇다. 이 역시 '보조배터리'를 검색하는 사람 중 캠핑용으로 검색하는 사람은 극히 일부일 것이다. 그래서 '보조배터리'와 '캠핑'에 대한 검색 추이를 하나의 차트에 그려 넣는 것은 전혀 의미가 없을 것이다.

그럼에도, 꼭 '보조배터리' 관련 데이터를 사용하고 싶다면, 추세 데이터로 비교하여 표현하는 대신 "검색광고 사이트에서 '캠핑'에 대한 연관검색어들을 검색해보니 보조배터리의 순위가 꽤 높더라, 즉, 연관성이 아주 높다는 증거." 정도의 데이터만 인용하고 다양한 데스크리서치 자료를 찾아 덧붙일 것이다.

또 하나는 양평가볼만한곳, 천안가볼만한곳 등 '지역'이 들어간 키워드는 캠핑과 여행, 나들이, 데이트 등을 종합적으로 포함하고 있어 일단 배제했다. 그런데 전남글램핑, 대구글램핑, 양평캠핑장, 태안캠핑장 등은 해당 키워드 자체로 캠핑, 글램핑, 등산, 차박 등의 유사 범위 안에 들어와 있는 키워드들이다.

심지어 이 데이터를 잘 활용하면 캠핑을 좋아하는 사람들이 어떤 지역을 선호하는지를 파악할 수 있어 유용할 수도 있다. 하지만 지역별 선호도를 데이터로 표현하려면 연관성 상위의 일부 지역에 한정하는 것이 아닌 '전체 지역 중 이곳'이라고 할만한 전체 범위가 정해져야 한다. 만약 양평, 전남, 태안 등의 데이터만 활용한다면, 데이터를 보는 사람에게 신뢰성을 주기 어려울 것이다.

필자는 캠핑을 잘 모르기 때문에 캠핑장이 전국에 얼마나 많은지, 어떻게 조사를 해야 하는지 데이터 분석을 시작하는 시점에는 알지 못한다. 전체 그림을 그리려면 데스크 리서치를 해야 하는데 그러려면 시간이 꽤 걸릴 것이다. 그러니까 **당장의 분석 범위에서는 빼 놓고, 나중에 여유가 되면 추가하는 방식으로 고민해 보자.** 지역 관련 제외 키워드들 중에서 나중을 위해 몇 개만 다시 살려서 표시해 보자.

추가 고려 키워드 삽입 및 불필요 키워드 구분

① 캠핑, 캠핑용품, 캠핑음식, 머렐, 천안호텔, 보조배터리, 캠핑요리, 캠핑페어, 캠핑장예약, 오토캠핑장, 전시회, 펜션, 캠핑밀키트, 아웃도어브랜드, 인산철배터리, 등산복, 등산화, **전남글램핑**, 캠핑장비, 카니발차박

② 웨이크보드, 당일글램핑, 캠핑박람회, 당일치기여행, 차박용품, 글램핑장, 청주캠핑장, 럭셔리글램핑, 캠핑고기, 카라반캠핑장, 트레킹화, 양평가볼만한곳, 천안가볼만한곳, 워터파크, 등산, 차박텐트, 백패킹, 등산복브랜드, 서울근교당일치기여행, 캠핑장추천

③ 차박캠핑장, 바닷가캠핑장, **부산글램핑**, 액티비티, **대구글램핑**, 홈웨어, 보일링크랩, 바테이블, 글램핑캠핑장, 캠핑음식추천, **밀양캠핑장**, 리튬배터리, 우대갈비, 계곡캠핑장, **양평캠핑장**, 등산화추천, **괴산캠핑장**, **평택캠핑장**, 서울근교캠핑장, **태안캠핑장**

④ 당일캠핑, IGT테이블, 밀키트, 캠핑이불, 고프코어룩, 당일여행, **청도캠핑장**, 대구근교글램핑, 당일치기글램핑, 윈터치텐트, 자켓, 여행준비물, **충주캠핑장**, 박람회, **전남캠핑장**, 토마호크, 고어텍스운동화, 수상스키, 해물찜, 막창

⑤ **꾸지나무골캠핑장**, **대구캠핑장**, **경남캠핑장**, 청도가볼만한곳, 블라디보스톡여행, 애견동반글램핑, 아이폰보조배터리, 러닝복, 차박장소추천, 김해가볼만한곳, 닭꼬치, 키즈글램핑, 카라반캠핑, 등산바지, 야전침대, 당일캠핑장, 캠핑용품점, 파티룸, 캠핑테이블, 가평빠지패키지

⑥ 홈바테이블, 요트, 서울근교글램핑, 돼지막창, 해산물, 여자등산화, 고프코어, 애견동반캠핑장, 청주호텔, 여성등산화, 캠핑조명, 텐트추천, 물놀이, 독채펜션, 에어텐트, 가평펜션, 생일상차림메뉴, **대전캠핑장**, 폴라리스텐트, 수영장캠핑장

⑦ **남양주캠핑장**, 고어텍스, 창원가볼만한곳, 대용량보조배터리, 수영장글램핑, 맥세이프보조배터리, 캠핑의자, 부산캠핑장, 해물탕, **가평빠지추천**, 킨텍스전시회, 경량캠핑의자, 캠핑미니테이블, 집들이선물, 웨버바베큐그릴, 남자친구선물, 노르디스크, 고속보조배터리, 일체형보조배터리, 미니보조배터리

⑧ 보조배터리추천, 파라솔받침대, 캠핑가방, 카즈미텐트, **천안글램핑**, 트렌드, 담요, 스노
우라인새턴2룸, 간절기이불, 간이침대, 토르박스75, 라꾸라꾸, 인디언행어, 차량용품,
캠핑준비물, 요트가격, 캠핑침대, 터널형텐트, 토르박스, 노지캠핑

⑨ 네이처하이크에어매트, 대형타프, 이소가스, 네이처하이크, 4인용텐트, 카즈미, 파3골
프장, 화순가볼만한곳, 리빙쉘텐트, 캠핑폴딩박스, 대구행사, 아늑호텔, 코베아텐트, 네
이처하이크타프, 콜맨텐트, 꼴로르타프, 인천송도가볼만한곳, 네이처하이크자충매트,
스탠리워터저그, 에어텐트추천

⑩ 백패킹텐트, 호텔, 각반, 남자선물, 지라프구이바다, 팝업텐트, 꼴로르침낭, 골제로랜턴
, 네이처하이크12X, 모곡밤벌유원지, 대구전시회, 벨락코펠, 원터치그늘막, 1인용텐트,
캠핑의자추천, 2인용텐트, 캠핑텐트, 렉타타프, 6인용텐트, 인천가볼만한곳

▲ 지역 관련 키워드를 일부 추가한 결과

어느 정도 초기 분석 범위가 정해졌으니 이제 회색으로 된, 불필요한 키워드 항목
을 추려 보자.

천안호텔, 전시회, 펜션, 인산철배터리, 카니발차박, 웨이크보드, 당일치기여행, 청주캠핑
장, 양평가볼만한곳, 천안가볼만한곳, 워터파크, 등산, 서울근교당일치기여행, 액티비티,
홈웨어, 보일링크랩, 바테이블, 리튬배터리, 우대갈비, 밀키트, 고프코어룩, 당일여행, 자
켓, 여행준비물, 박람회, 토마호크, 수상스키, 해물찜, 막창, 청도가볼만한곳, 블라디보스톡
여행, 아이폰보조배터리, 러닝복, 김해가볼만한곳, 닭꼬치, 파티룸, 가평빠지패키지, 홈바
테이블, 요트, 돼지막창, 해산물, 고프코어, 청주호텔, 물놀이, 독채펜션, 에어텐트, 가평펜
션, 생일상차림메뉴, 고어텍스, 창원가볼만한곳, 대용량보조배터리, 해물탕, 킨텍스전시회,
집들이선물, 남자친구선물, 트렌드, 간절기이불, 차량용품, 요트가격, 파3골프장, 화순가볼
만한곳, 대구행사, 아늑호텔, 인천송도가볼만한곳, 호텔, 남자선물, 모곡밤벌유원지, 대구
전시회, 인천가볼만한곳

▲ 불필요 키워드 목록

최종 유효 키워드 선정 결과

분리한 불필요 키워드 목록을 챗GPT에 적어 넣고, 해당 키워드들을 제외한 나머지
유효 키워드들만 남겨 달라고 했다.

ChatGPT

Data Excluding Specific Keywords   ⬇ ⤢

		연관키워드	월간검색수(모바일)	
1	0	캠핑	61600	
2	1	캠핑용품	69300	
3	2	캠핑음식	66000	
4	3	머헬	22500	
5	5	보조배터리	143500	
6	6	캠핑요리	28100	

▲ 캠핑 연관키워드 정제 결과

지정하신 키워드를 제외한 데이터만 남긴 엑셀 파일을 확인하실 수 있습니다.

총 132개의 데이터가 남았다. 이제 이 데이터를 요리해 볼텐데 한 가지 추가 설명을 해야겠다.

우리는 지금 정제와 가공을 하고 있다. 정제精製, Cleaning**는 정밀하고 깨끗하게 만드는 과정으로, 데이터에서 오류를 제거하고 일관성 있게 만드는 작업**이다. 결측값(누락된 값)이나 중복된 값, 분포에서 벗어난 이상치Outlier를 제거하고 오류를 수정하는 등의 작업이 포함되어 있다. 가공加工, Processing은 새롭게 만드는 과정으로, 데이터 형식 바꾸기, 요약, 정규화, 새로운 변수 만들기 등의 작업이 포함되어 있다.

그런데 우리는 연구자의 상식과 판단에 근거해서 쓸만한 데이터를 솎아 내는 작업을 했을 뿐이다. 이 과정은 정제와 가공의 범주에 속하는가? 물론이다. '정제와 가공은 무조건 이런 기법으로 한다.'거나, '정제와 가공은 모두 분석 초기 단계에서 이루어진다.'는 순서 개념으로 이해하는 경우가 있는데, 실제로는 특별히 정해진 규칙도, 순서도 없다. 정제와 가공은 데이터를 분석하는 과정 전체에서 빈번하게 행해지며, 다양한 방법으로 이루어진다. 처음에 버렸던 데이터를 분석 과정에서 다시 살리기도 하고, 처음에 추가했던 변수를 다른 변수로 대체하기도 한다. 이 책에서 역시 데이터를 버리고, 살리고, 바꾸고, 조정하는 과정은 반복적으로 등장할 것이다.

패턴 찾기의 시작,
데이터 그룹화

데이터 그룹화가 필요한 이유

이제 데이터를 묶어 주는 작업을 할 것이다. 왜 묶어 주는 작업이 필요할까? 데이터가 많기 때문이다. 데이터가 많으면 개별 특성을 일일이 파악하기가 어렵다. 그리고 데이터는 반드시 유형을 갖는다.

대형 마트를 생각해 보자. 셀 수도 없을 정도로 많은 상품을 판매하는 그곳에는 어떤 유형이 존재할까? 잘 팔리는 상품 그룹과 잘 팔리지 않는 상품 그룹이 존재할 것이다.

예를 들어 비 오는 날에는 우산이 잘 팔린다. 그런데 비가 오면 (파전 등을 위해) 밀가루도 잘 팔린다고 해 보자. 두 상품은 직접적인 연관성이 없지만 '비'라는 날씨와 묶여 있다. 비 오는 날에 잘 팔리는 그룹인 것이다. 마케팅에서는 기저귀 옆에 맥주 냉장고를 두면 잘 팔린다는 얘기도 있다. 직접적으로 연관성이 없는 두 상품이 '육아'로 묶여 있기 때문이다.

이런 사례들은 모두 데이터가 어떤 기준에 따라 그룹으로 묶였기 때문이다. 빅데이터 분석이 어려운 건 규칙적이지 않은 데이터들의 조합이기 때문이다. 그래서 빅데이터 분석은 불규칙 속의 규칙성을 찾고 부여하는 일이다. 소비자들이 초 개인화되면서 '100명의 소비자가 있다면 100개의 시장이 있는 것과 같다.'는 말이 한 때 인기를 끌었지만, 데이터 관점에서 보면 어느 곳이든 그룹은 존재한다. 그리고 **그 그룹은 꽤 비슷한 인식을 가지고 있거나 소비 행동을 한다.** 우리는 그걸 패턴Pattern이라고 부른다.

챗GPT를 통한 데이터 그룹화

캠핑 키워드들도 비슷한 유형이 있는지 살펴보자.

먼저 가볍게 아무런 조건도 주지 않고 비슷한 키워드끼리 알아서 묶어 달라는 명령을 내렸다.

132개의 남은 데이터를 활용해서 비슷한 키워드끼리 묶어 줘.

ChatGPT

Clustered Keywords

		연관키워드	월간검색수(모바일)	Cluster
12	15	등산복	19600	5
13	16	등산화	55400	0
14	17	전남글램핑	7650	0
15	18	캠핑장비	5160	0
16	21	당일글램핑	17600	0
17	22	캠핑박람회	15600	0

▲ 키워드 클러스터링 결과

132개의 남은 데이터를 활용하여 비슷한 키워드끼리 클러스터링한 결과를 확인하실 수 있습니다. 각 키워드가 속한 클러스터 정보를 포함한 데이터가 제공되었습니다.

무언가 결과가 나오기는 했다. 따로 얘기도 안 했는데 자기가 알아서 '클러스터링 Clustering'을 했단다. 클러스터링은 **항목을 몇 개의 그룹group으로 묶는 작업**인데, 통계 분석에서 쓰는 용어다. 즉, 시키지도 않았는데 알아서 통계 분석을 진행했다는 얘기다. 그뿐만이 아니다. 친절하게 'Cluster(군집)' 변수를 만들어서 표의 맨 오른쪽에 붙여 주기까지 했다.

당연히 기준이 궁금하다.

	어떤 기준으로 묶었어?

ChatGPT

키워드를 묶는 기준으로는 TF-IDF (Term Frequency-Inverse Document Frequency) 벡터화를 사용하여 각 키워드를 수치화한 후, K-평균 (K-Means) 클러스터링 알고리즘을 적용했습니다. 이 방법은 다음 단계를 포함합니다 :

1. **TF-IDF 벡터화** : 각 키워드를 TF-IDF 벡터로 변환하여, 단어의 중요도를 반영한 수치 벡터로 표현했습니다.
2. **K-평균 클러스터링** : TF-IDF 벡터화된 키워드를 바탕으로 K-평균 클러스터링을 수행하여, 유사한 키워드들을 10개의 클러스터로 묶었습니다.

이 방법은 키워드 간의 텍스트 유사성을 기반으로 키워드들을 그룹화합니다. 키워드가 비슷한 의미를 가지거나 관련성이 높을수록 같은 클러스터에 속할 확률이 높습니다.

챗GPT는 뭔가 상당히 알아듣기도 힘든, 엄청 대단해 보이는 용어들을 사용하면서 으스대기 시작했다. (네가 그렇게 대단하다고?) 파헤쳐 보기로 했다.

챗GPT의 오류

챗GPT에게 그룹별로 묶인 키워드에 대한 설명을 요청했다.

	그룹별로 어떤 키워드가 묶였고 왜 그렇게 묶였는지 설명해 봐.

ChatGPT

키워드를 그룹별로 나눈 후, 각 그룹에 포함된 키워드를 살펴보고 왜 그렇게 묶였는지 설명하겠습니다. 먼저, 각 클러스터에 속한 키워드를 확인한 후, 해당 그룹의 공통점을 분석하겠습니다.

클러스터별 키워드 목록
먼저 클러스터별 키워드 목록을 추출합니다.

클러스터별 키워드 분석 및 이유
클러스터 0

키워드 :

캠핑, 캠핑음식, 머렐, 보조배터리, 캠핑요리, 캠핑페어, 캠핑장예약, 오토캠핑장, 캠핑밀키트, 아웃도어브랜드, 등산화, 전남글램핑, 캠핑장비, 당일글램핑, 캠핑박람회, 차박용품, 글램핑장, 럭셔리글램핑, 캠핑고기, 카라반캠핑장, 차박텐트, 백패킹, 등산복브랜드, 캠핑장추천, 차박캠핑장, 바닷가캠핑장, 부산글램핑, 대구글램핑, 밀양캠핑장, 계곡캠핑장, 양평캠핑장, 등산화추천, 괴산캠핑장, 평택캠핑장, 서울근교캠핑장, 태안캠핑장, 당일캠핑, IGT테이블, 캠핑이불, 청도캠핑장, 대구근교글램핑, 당일치기글램핑, 원터치텐트, 충주캠핑장, 전남캠핑장, 고어텍스운동화, 꾸지나무골캠핑장, 대구캠핑장, 경남캠핑장, 애견동반글램핑, 차박장소추천, 키즈글램핑, 카라반캠핑, 등산바지, 야전침대, 당일캠핑장, 캠핑용품점, 캠핑테이블, 서울근교글램핑, 여자등산화, 애견동반캠핑장, 여성등산화, 캠핑조명, 텐트추천, 대전캠핑장, 폴라리스텐트, 수영장캠핑장, 남양주캠핑장, 수영장글램핑, 맥세이프보조배터리, 캠핑의자, 부산캠핑장, 가평빠지추천, 경량캠핑의자, 캠핑미니테이블, 웨버바베큐그릴, 노르디스크, 고속보조배터리, 미니보조배터리, 보조배터리추천, 캠핑가방, 카즈미텐트, 천안글램핑, 담요, 스노우라인새턴2룸, 간이침대, 토르박스75, 라꾸라꾸, 인디언행어, 캠핑준비물, 캠핑침대, 터널형텐트, 노지캠핑, 네이처하이크에어매트, 대형타프, 이소가스, 네이처하이크, 4인용텐트, 카즈미, 리빙쉘텐트, 캠핑폴딩박스, 코베아텐트, 네이처하이크타프, 콜맨텐트, 꼴로르타프, 네이처하이크자충매트, 스탠리워터저그, 에어텐트추천, 백패킹텐트, 지라프구이바다, 팝업텐트, 꼴로르침낭, 골제로랜턴, 네이처하이크12X, 벨락코펠, 원터치그늘막, 1인용텐트, 캠핑의자추천, 2인용텐트, 캠핑텐트, 렉타타프, 6인용텐트

이유 :

이 클러스터는 대부분 '캠핑' 관련 키워드로 구성되어 있습니다. 캠핑 장소, 장비, 용품, 음식 등 다양한 캠핑 관련 항목이 포함되어 있습니다. 이러한 키워드들이 함께 묶인 이유는 공통적으로 '캠핑'이라는 주제에 집중되어 있기 때문입니다.

클러스터 1

키워드 : 파라솔받침대

이유 :

이 클러스터는 유일한 키워드로 '파라솔받침대'가 포함되어 있습니다. 특수한 주제로 인해 단독 클러스터로 분류된 것으로 보입니다.

'클러스터 0'에 속한 키워드가 엄청 많이 나온다. 이유를 보니 **"대부분 '캠핑' 관련 키워드로 구성되어 있습니다."**라는 설명을 내놓았다. (당연하지! 지금 우리는 캠핑 시장을 분석하고 있잖아!)

'클러스터 1'에 속한 키워드는 '파라솔받침대' 단 하나다. 이유는 별로 없다. 감정을 억누르며 차분하게 또 물었다.

	클러스터 0에 묶인 키워드 개수가 몇 개야?
ChatGPT	클러스터 0에 묶인 키워드의 개수는 총 122개입니다.

122개다. 가공을 위해 정제한 파일에서 마지막 연관키워드 개수가 132개였는데 그 중 122개를 하나의 클러스터에 담았다는 것이다. 참고로 클러스터 수는 0에서 9까지 총 10개다. 그러니까 나머지 10개의 키워드가 9개의 클러스터로 나눠졌다는 것이다.

현장에서 마주하게 되는 보통의 실수

만약 어떤 신입사원이 이런 결과를 보여 주고 분석을 다 했다고 하거나, 으스대며 검토해 달라고 했다면 필자가 미처 날뛰는 모습을 보게 될 것이다. 조금 극단적인 예시이기는 하지만, 현실에서도 있을 법한 일이라 얼토당토않은 챗PT의 대답이지만 책에 그대로 담았다. 데이터 분석가를 꿈꾸는 많은 사람들이 교육 과정을 끝내고 회사에 들어가면 이러한 상황을 더러 겪을 수 있다.

TF-IDF니, 벡터화니, K-평균 클러스터링이니 하는, 있어 보이는 용어나 기법들을 아주 잘 배워서 나도 데이터 분석을 할 수 있다는 자신감으로 첫 회사에 입사한다. 그리고 드디어 꿈에 그리던 '실제 데이터'를 마주한다. 첫 임무를 받은 것이다. 명령은 단 하나다. "분석해 봐."

본때를 보여 주겠다는 자신감으로 알고 있는 분석 기법들을 적용해 가며 휘황찬란한 결과들을 내놓는다. 기립 박수까지는 아니더라도 옅은 웃음 정도는 지을 줄 알았는데, 싸늘하다.

먹먹해진 분위기 속에서 팀장이 입을 뗀다. "그래서?" 질문이 예상 밖이라 할 말이 생각나지 않는다. "그러니까, 이런 과정을 거쳐서 이런 결과가 나왔는데… 이게 통계적으로는 유의한 수준이라…" 보다 못한 팀장이 말을

막고 다시 물어본다. *"그래서, 분석 결과가 뭐냐고….."*

신입 사원은 팀장이 왜 분석 결과를 보고도 분석 결과가 뭐냐고 묻는지 이해가 가지 않았다. 팀장은 코딩을 모르는 걸까? 통계를 모르는 걸까? 하지만 코딩을 잘 하고 통계도 잘 하는 사수 역시 고개를 젓고 있다. 이런 건 6개월 교육 과정에 없었다. 나는 무엇을 잘 못한 거지?

잠깐 소설을 써 봤다. 필자는 분명 '소설'을 썼지만, 누군가에게는 '다큐'로 느껴졌을 것이다. 필자는 여러분이 이 책을 통해 나의 소설이 다큐로 느껴질 날이 오지 않기를 바란다.

챗GPT의 실수를 인간이 만회하다

챗GPT가 실수를 했으니 이제 우리가 직접 나서서 데이터를 그룹화하기 위한 명령을 내려보자.

다음은 **데이터를 1차로 그룹화하기 위한 명령**이다. 키워드들을 어떤 기준으로 분류할지 몰라서 일단 눈에 많이 띄는 캠핑, 글램핑, 차박 등의 단어가 포함된 키워드들을 우선 분류해 달라고 했다.

- 월간검색수에 천 단위로 콤마 찍어 줘.
- 맨 오른쪽에 '그룹 구분'이라는 변수를 만들고 거기에 연관키워드 중 '캠핑'이 포함된 데이터를 '캠핑 포함'이라는 값으로 표시해 줘.
- '글램핑' '차박'도 동일하게 '~포함'이라는 형식으로 표기해 줘.
- 비어 있는 칸은 모두 숫자 1을 넣어 줘.
- '그룹 구분'이라는 변수를 기준으로 항목별 월간검색수 합을 보여 주고, 하위 포함 키워드 개수도 함께 표시해 줘.

1차 결과값을 정리하면 아래와 같다.

그룹 구분	월간검색수 합	연관키워드 개수	월간검색수 비중	연관키워드개수 비중
1	1,077,700	63	48.8%	48.1%
캠핑 포함	901,090	52	40.8%	39.7%
글램핑 포함	177,930	13	8.1%	9.9%
차박 포함	52,840	3	2.4%	2.3%

▲ 데이터 그룹화 1차 정리 결과

데이터를 읽어 보면 캠핑, 글램핑, 차박 등의 단어가 포함되지 않은 키워드 개수
가 48.1%(63개)로 전체 중 절반 가까이에 해당하며, 캠핑이 포함된 키워드의 개수는
39.7%(52개)에 달한다. 이 과정은 데이터 전반을 가볍게 탐색하기 위해 해본 것이다.

본격적인 데이터 그룹화

다음은 추가 변수를 만들어서 본격적으로 데이터를 분류해 보자. **변수명은 '그룹 구분1'**
이다. 데이터 분석하기도 바쁜데 변수명까지 꾸밀 시간은 없다. 아래는 챗GPT에 추가
로 내린 명령어들이다.

- 맨 오른쪽 열에 '그룹 구분1'이라는 변수를 만들어서 캠핑용품, 장비와 관련된
  제품을 '용품'으로 표시해 줘.
- 등산복, 등산화, 텐트 등 제품을 다 '용품'으로 구분해 줘.
- 트래킹화, 백패킹, 테이블, 이불, 운동화, 바지, 침대, 조명, 배터리, 의자, 그릴,
  파라솔, 가방담요, 스노우라인, 박스, 라꾸라꾸, 행어 등도 '용품'으로 분류해 줘.
- 대한민국 지명이 들어간 키워드는 전부 '지역'으로 분류해 줘.
- 음식, 요리, 밀키트는 '음식'으로 분류해 줘.
- 캠핑장은 '캠핑장'으로 분류
- 트레킹화도 '용품'으로 분류
- 머렐, 노르디스크, 카즈미, 네이처하이크 = '브랜드'로 분류
  - 담요, 네이처하이크에어매트, 네이처하이크타프, 타프, 이소가스, 매트, 저그,
    각반, 지라프, 침낭, 랜턴, 코펠, 그늘막 = '용품'으로 분류
  - 아웃도어브랜드, 네이처하이크12X = '브랜드'로 분류
  - 캠핑박람회, 페어 = '박람회'로 분류
  - 캠핑고기 = '음식'으로 분류
  - 당일, 애견, 키즈, 수영장, 노지 = '유형'으로 분류
  - 가방 = '용품'으로 분류
  - 천안 = '지역'으로 분류
- 럭셔리, 카라반 = '유형'으로 분류
  - 준비물 = '용품'으로 분류
- 나머지 분류 안 된 키워드가 있어?
- '월간검색수합' 기준 내림차순 정렬해 줘.

2차 결과값을 정리하면 아래와 같다. 총 8개의 항목으로 분류했다.

No	그룹 구분1	월간검색수 합	연관키워드 개수	월간검색수 비중	연관키워드 개수 비중
01	용품	1,342,280	72	60.7%	55.0%
02	캠핑장	349,830	29	15.8%	22.1%
03	브랜드	134,850	6	6.1%	4.6%
04	음식	126,840	5	5.7%	3.8%
05	유형	94,150	9	4.3%	6.9%
06	지역	79,030	7	3.6%	5.3%
07	최상위	61,600	1	2.8%	0.8%
08	박람회	20,980	2	0.9%	1.5%

▲ 데이터 그룹화 2차 정리 결과

7번째의 '최상위'는 '캠핑'이라는 단일 키워드를 분류한 것인데, 다른 항목처럼 키워드의 의미에 따른 분류라기보다 '캠핑'이라는 단어가 나머지 단어들을 포괄하는 느낌이 있기 때문에 나중의 활용성을 고려해서 '최상위'라는 분류 항목을 달았다. 분석상에 의미가 있기보다는 어디에도 합치기에 애매하기 때문에 별도로 분리해 놓은 것이다.

8개로 분류된 항목을 보자. 어떤 내용을 읽어야 할까. 우선 용품에 대한 검색량이 가장 많다. 그런데 포함된 개수도 많다. 검색 데이터라는 점을 고려할 때 어떻게 해석해야 할까. 월간검색수를 모두 합치면 '용품'에 대한 검색이 가장 많으니 캠핑 검색에서는 용품이 가장 중요하다는 결론을 내야 할까?

8개 항목으로 분류는 했지만 어쨌든 가장 중요한 건 사람들이 어떤 키워드를 활용해서 주로 검색하고 있는지를 살펴보는 것이다. 항목으로 묶어서 연관된 1천 개의 키워드가 어떤 구조를 가지고 있는지 살펴보았지만 결국 시장을 진단할 수 있는 키워드를 읽어 내는 게 핵심이다.

데이터 그룹별 추가 분석

챗GPT를 활용해 항목별로 평균 검색수를 구해 보자. 평균검색수는 '월간검색수합'을 '연관키워드개수'로 나눈 값이다.

항목별 평균 검색수를 계산해줘.

ChatGPT

	그룹 구분1	평균검색수	월간검색수합	연관키워드개수
	Formatted Sorted Average Search Volume With Monthly Search And Keyword Count			
1	최상위	61,600.0	61,600	1
2	음식	25,368.0	126,840	5
3	브랜드	22,475.0	134,850	6
4	용품	18,642.8	1,342,280	72
5	캠핑장	12,063.1	349,830	29
6	지역	11,290.0	79,030	7
7	박람회	10,490.0	20,980	2
8	유형	10,461.1	94,150	9

▲ 그룹별 분석 결과 정리

무엇이 보이는가? 월간검색수 기준으로는 4위였던 '음식' 항목이 평균검색수 기준으로는 2위다. 1위인 '최상위' 항목은 '캠핑' 검색량이므로, 이를 제외하면 사실상 1위나 다름없다. **키워드 하나당 영향력이 높다는 얘기다.**

물론 개별 키워드들을 합친 분류 항목을 기준으로 볼 때 '용품'에 대한 검색량이 가장 많다는 것도 충분히 유의미한 발견이다. 본 장의 서두에 설명했듯이 '검색광고' 사이트는 네이버에서 광고를 집행하는 사업자들을 위한 사이트다. 사업자들은 해당 사이트를 방문해서 어떤 검색 키워드들의 검색량이 많은지 확인하고 해당 키워드들을 소비자가 검색했을 때 자신이 판매하는 상품이 먼저 노출되려면 얼마를 지불해야 하는지 계산한다.

이때 광고 비용을 많이 집행할 수 없는 사업자들은 검색량이 가장 많은 키워드보다 검색량이 적더라도 다른 사업자들이 많이 참여하지 않은, 즉 경쟁 강도가 상대적으로 낮은 키워드들을 발굴해서 광고를 집행해야 할 수도 있다.

결론적으로 얘기하면, **데이터를 활용하는 목적에 따라 중요도가 달라질 수 있다는** 얘기다.

이제 본 장을 마치려고 한다. 이제는 어느 정도 추려진 키워드들을 가지고 '키워드별 검색 추이' '성별 검색 추이' '연령별 검색 추이' 등 **한층 더 깊은 데이터 분석 결과들을 마주할 차례다.**

챗GPT에게 사용한 명령어 리스트 추가

추가로 책에는 담지 않았지만, 다양하게 데이터를 분석하면서 챗GPT에 사용한 명령어들을 첨부했으니 실습할 때 참고해 보기 바란다. 물론 챗GPT는 동일한 질문에 동일한 대답을 내놓지 않는 경우가 많아서 책에 정리한 질문들을 그대로 사용하더라도 아마 다른 결과를 보여 줄 것이다. 그래도 "이런 명령까지 가능하네?"라는 정도의 느낌으로 살펴보기 바란다.

- 지금 추출한 데이터 맨 앞에 위에서부터 순서대로 '숫자'를 붙여 줘.
- '번호' 항목과 '월간검색수'는 중앙정렬해 줘.
- 연관키워드 항목의 열 간격을 좀 더 넓혀 줘.
- 이 중에서 평균값 이상인 항목을 노란색으로 칠해 줘.
- 맨 오른쪽에 열을 하나 더 추가해서 노란색으로 칠한 항목을 '평균 이상' 나머지를 '평균 이하'라는 값으로 넣어 줘.
- 맨 오른쪽에 열을 하나 더 만들어서 월간검색수가 1만 건 이상인 값들과 그 외 값들을 구분해 줘.
- '1만 건 이하'인 값들은 그냥 '이하'로 바꾸자.
- '평균 여부' 항목에 들어간 값들 중 '평균 이하'로 표현된 값들은 전부 '이하'로 바꿔 줘.
- 데이터의 맨 끝에 변수를 하나 만들어서 연관키워드 중 캠핑, 등산, 글램핑, 차박이 포함된 키워드들에는 '포함' 그 외 나머지 항목은 '비포함'으로 표현해 줘.
- 맨 오른쪽에 변수를 하나 더 만들어서 이번에는 네가 생각하기에 유사한 연관키워드끼리 묶어 줘. 묶인 그룹은 유사성에 따라 숫자로 1, 2, 3, 4 … 등으로 표현해 줘.
- 각 숫자를 어떤 기준에 따라서 묶었는지 설명해 줄 수 있어?
- 0으로 분류된 항목은 어떻게 나눌 수 있을까?
- 기존에 0으로 분류되었다가 새롭게 분류된 항목들을 분류 기준과 함께 설명해 줘.
- 가장 마지막 추가 항목에 변수명이 없는데 넣어서 다시 만들어 줘. 그리고 전체 분류 항목 예시를 엑셀로 추출할 때 옆에 참고할 수 있도록 적어 줄 수 있어?
- 자, 이제 이 데이터를 기준으로 어떤 분석을 할 수 있을까?
- '키워드 그룹별 검색 경향 분석'을 해 줘.

- 그룹별 월간검색수는 총합이 아닌 평균값으로 해줘.
- 그룹 이름을 정하자. 숫자 말고 그룹별 특징에 해당하는 이름을 짧게 지어 줘.

▲ 챗GPT에게 데이터 분석을 위해 명령한 내용들

참고로, 다음 분석을 위해 분류 항목별 하위키워드가 포함된 목록은 엑셀 파일로 다운로드하자.

이 데이터를 활용해서 '그룹 구분1'의 항목별로 하위 키워드들을 열거해 줘.

ChatGPT

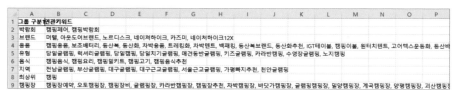

▲ 그룹별 키워드 포함 결과

데이터를 그룹 구분1별로 하위 키워드로 열거한 내용은 다음과 같습니다. (위 그림은 챗GPT 검색 결과를 엑셀 파일로 다운로드해 보기 좋게 정리한 것임)

추출된 결과에서 다시 챗GPT를 통해 '괄호'와 '따옴표'를 제거하고 다운로드한 엑셀 파일은 아래와 같다.

A	B	C	D	E	F	G	H	I	J	K	L	M	N	O	P
1	그룹 구분1	연관키워드													
2	박람회	캠핑페어, 캠핑박람회													
3	브랜드	머렐, 아웃도어브랜드, 노르디스크, 네이처하이크, 카즈미, 네이처하이크12X													
4	용품	캠핑용품, 보조배터리, 등산복, 등산화, 차박용품, 트레킹화, 차박텐트, 등산복브랜드, 등산화추천, IGT테이블, 캠핑이불, 원터치텐트, 고어텍스운동화, 등산바													
5	유형	당일글램핑, 럭셔리글램핑, 당일캠핑, 당일치기글램핑, 애견동반글램핑, 키즈글램핑, 카라반캠핑, 수영장글램핑, 노지캠핑													
6	음식	캠핑음식, 캠핑요리, 캠핑밀키트, 캠핑고기, 캠핑음식추천													
7	지역	전남글램핑, 부산글램핑, 대구글램핑, 대구근교글램핑, 서울근교글램핑, 가평빠지추천, 천안글램핑													
8	최상위	캠핑													
9	캠핑장	캠핑장예약, 오토캠핑장, 캠핑장비, 글램핑장, 카라반캠핑장, 캠핑장추천, 차박캠핑장, 바닷가캠핑장, 글램핑캠핑장, 밀양캠핑장, 계곡캠핑장, 양평캠핑장, 괴산캠핑장													

▲ 그룹별 포함 키워드 결과 : 괄호와 따옴표 제거

이 책에는 그룹화된 내용에 대한 분석을 다 담지는 못하지만, 이 내용을 참고해서 각자 다양한 분석을 시도해 보자.

실전 데이터 분석 :
'데이터랩' 활용하기

"끈질기고 집요하게 데이터를 보는 경험을 꼭 해봤으면 좋겠다.
인사이트는 데이터와의 수많은 씨름 끝에 나오는 것이니까."

'데이터랩'
사이트 소개

네이버에서 제공하는 데이터랩 사이트는 검색 키워드별 검색 추이를 보여 주는 기능을 담고 있다. 우리가 사용하려는 '검색어트렌드' 항목 외에도 쇼핑인사이트, 지역통계, 댓글통계 등의 데이터가 있지만, 이 책에서는 다루지 않을 예정이다.

네이버 데이터랩 사이트 접속 화면 소개

▲ 네이버 데이랩사이트 화면

검색어트렌드 페이지 상단에 이런 문구가 적혀져 있다.

- 네이버통합검색에서 특정 검색어가 얼마나 많이 검색되었는지 확인해 보세요.
- 검색어를 기간별/연령별/성별로 조회할 수 있습니다.

그 아래는 이런 친절한 설명도 덧붙여져 있다.

- 궁금한 주제어를 설정하고, 하위 주제어에 해당하는 검색어를 콤마(,)로 구분 입력해 주세요.
- 입력한 단어의 추이를 하나로 합산하여 해당 주제가 네이버에서 얼마나 검색되는지 조회할 수 있습니다.

[예] 주제어 캠핑 : 캠핑, Camping, 캠핑용품, 겨울캠핑, 캠핑장, 글램핑, 오토캠핑, 캠핑카, 텐트, 캠핑요리

캠핑을 주제로 선택한 이유 중 하나가 여기 있다. 네이버에서 설명문 예시로 '캠핑'을 다루고 있지 않은가. 그만큼 데이터가 괜찮다는 얘기다. 덧붙여 세부 기능을 좀 더 알아보자.

데이터랩 사이트 기능 소개

총 다섯 가지 키워드를 한 차트 안에서 비교할 수 있다.

- 특정 키워드 하나만 넣어서 '주제어'도 하나, '키워드'도 하나로 검색할 수도 있고, 여러 개의 키워드를 콤마(,)로 연결해 하나의 주제어로 만들어 비교할 수도 있다.
- 기간은 2016년 1월 1일부터 최근 시점까지 일간, 주간, 월간 조회가 가능하다.
- 범위는 전체/모바일/PC를 선택할 수 있다.
- 성별은 전체/여성/남성을 선택할 수 있지만 여성과 남성을 하나의 차트에서 비교할 수 없다.
- 연령은 10대부터 60대 이상까지 구성되어 있으며 5세 단위로도 분석 가능하지만, 역시 10대와 20대 등 서로 다른 연령을 하나의 차트에서 비교할 수 없다.

   바로 이런 부분에서 수강생들이 불만을 토로한다.
   본인은 성별이나 연령별 비교를 한 차트에서 하고 싶었는데
   데이터가 그렇게 안 되어 있어서 할 수 없었다고.
   데이터의 특성과 한계를 먼저 인지하고 인정해야 한다는 말, 잊었는가?

- 그리고 이 데이터의 값은 '검색량'이 아닌, '지수화' 된 데이터이다. 조회된 구간에서 가장 높은 검색량을 100으로 환산한 뒤 나머지 값들을 계산한 것으로 최소 0부터 최대 100까지로 정해져 있다.

   예를 들어, 2023년 1월부터 2023년 12월까지를 조회했을 때 8월 데이터가 10,000건으로 가장 높았다면 10,000건을 '100'으로 환산해서 나머지 값들을 계산한다.
   7월 데이터가 9천 건이면 '90'으로, 6월 데이터가 5천 건이면 '50'으로 계산되는 식이다.

데이터 분석의
기본, 차트 그리기

데이터랩 사이트를 통해 데이터 추이 파악

데이터랩 사이트에서 '캠핑' 키워드를 입력해 데이터 추이를 보자. 기간은 2016년 1월 1일부터 2024년 5월 31일까지로 하고 성별, 연령별 구분 없이 '일간' 데이터를 추출해 보았다.

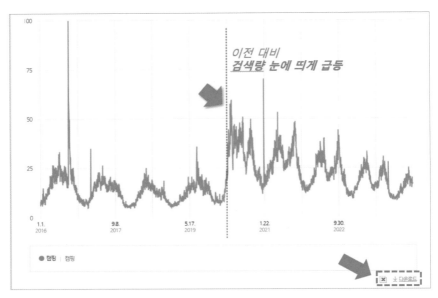

▲ 캠핑 키워드 검색 추이

결과를 보면, 검색이 증가하고 감소하는 주기가 비교적 일정해 보인다. 아마도 캠핑을 가는 시기와 관련이 있을 것 같다. **이렇게 일정한 증감 주기가 있는 것을** '시즌성 Seasonality'**이라고 한다.** 특정 시즌에 검색이 많이 발생한다는 의미다.

그런데 특정 시기(연도)에 검색량이 갑자기 급증하는 것도 보인다. 특정 시기 이후에 급증한 검색 데이터 역시 어떤 주기로 검색량이 증가하고 감소하는 것이 반복되나 급증 이전의 시즌성과는 다소 차이가 나 보인다.

챗GPT를 활용한 검색 추이 파악

내용을 잘 모르겠으니 일단 데이터를 '다운로드'해서 챗GPT에 넣어 보자. **다운로드 버튼은 차트 바로 아래 맨 오른쪽에 있으며 버튼을 클릭하면 내 PC에 엑셀 파일로 다운로드된다.**

무작정 데이터를 업로드하고 특성을 얘기해 달라고 했다.

	데이터 특성을 얘기해 줘.
 ChatGPT	이 데이터는 특정 기간 동안 '캠핑'이라는 키워드에 대한 검색 트렌드를 보여주는 것으로 보입니다. 데이터의 특성은 다음과 같습니다 : 1. **기간** : 데이터는 2016년 1월 1일부터 2024년 5월 31일까지의 일별 검색 데이터를 포함하고 있습니다. 2. **검색 트렌드** : '연령대' 열은 날짜를 나타내고, '전체' 열은 해당 날짜의 '캠핑' 키워드에 대한 검색량을 나타냅니다. 검색량은 특정 지표에 따라 수치로 표현된 것 같습니다. 3. **형식** : 데이터는 일별로 구성되어 있으며, 각 날짜마다 검색량이 기록되어 있습니다. 4. **단일 키워드** : '캠핑'이라는 단일 키워드에 대한 검색 트렌드 데이터입니다. 다른 키워드에 대한 데이터는 포함되지 않은 것으로 보입니다.

역시 똑똑하다. 이번에는 해당 데이터를 차트로 그려 보자.

| 차트를 그려 줘. |

ChatGPT

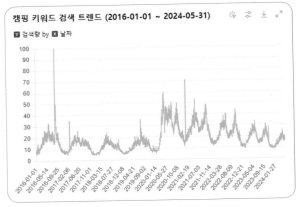

▲ 캠핑 키워드 검색 추이

검색량 급증 시점 추출

이제부터 본격적으로 차트를 보면서 세부 분석을 진행해 보자.

| 검색량이 급증하는 시점이 언제야? |

ChatGPT

Dates With Significant Search Volume Spikes

		날짜	캠핑	difference
1	231	2016-08-19	44.18587	25.37612
2	232	2016-08-20	98.24353	54.057660000000006
3	241	2016-08-29	49.79619	8.270960000000002
4	415	2017-02-19	34.95145	26.58415
5	1290	2019-07-14	26.85095	10.909360000000001
6	1291	2019-07-15	35.81116	8.96021
7	1548	2020-03-28	34.74394	10.805610000000001

▲ 전일 대비 검색 증가 추이

앞의 표에서 맨 오른쪽 항목인 'difference' 변수는 챗GPT가 스스로 만들어 준 것인데, 일간 데이터에서 전일前日 대비 얼마나 값이 증가했는지를 나타낸 값이다. 첫 번째 행인 2016년 8월 19일의 'difference' 값을 보면, 전일 대비 25.37 포인트만큼 증가했음을 의미한다.

챗GPT는 급증한 시점에 대한 데이터로 총 31개의 날짜들을 알려 주었다. 흥미로운 지점이다. 2016년 1월 1일에서 2024년 5월 31일까지는 총 3,074일이다. 그중 챗GPT는 단 31개의 날짜를 골랐다. 세부 기준을 물어봤다.

31개의 급증 날짜는 무슨 기준으로 선정했어?

ChatGPT

31개의 급증 날짜는 다음 기준에 따라 선정되었습니다 :
1. **일일 검색량 증가량**difference : 연속된 두 날짜 사이의 검색량 차이를 계산하여, 특정 날짜의 검색량이 이전 날짜에 비해 얼마나 증가했는지를 파악했습니다.
2. **상위 1% 기준**threshold : 검색량 증가량 중 상위 1%에 해당하는 날짜들을 급증 날짜로 선정했습니다. 즉, 증가량이 전체 데이터에서 상위 1%에 속하는 날짜들을 선택했습니다.

검색량 급증 시점 상세 분석

이번에는 아무런 추가 정보 없이 급증 날짜로 분류한 31개의 데이터를 분석해 달라고 했다.

31개의 급증 날짜를 분석해 줘.

ChatGPT

31개의 급증 날짜에 대한 분석을 제공하기 위해서는 다음과 같은 단계를 거칠 수 있습니다 :
1. **기간별 분포 분석** : 급증 날짜들이 특정 연도나 계절에 집중되어 있는지 확인합니다.
2. **이벤트 분석** : 급증 날짜들이 특정 이벤트와 관련이 있는지 확인합니다.
3. **주간 및 월간 분포** : 급증 날짜들이 주중 또는 주말에 더 자주 발생하는지, 또는 특정 월에 집중되어 있는지 분석합니다.

4. 추세 분석 : 급증 날짜들이 시간에 따라 증가하거나 감소하는 추세를 보이는지 분석합니다. 이 분석을 위해 데이터를 시각화하고, 각 급증 날짜의 특징을 파악해 보겠습니다.

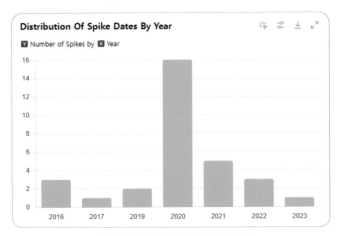

▲ 급증 날짜 데이터의 '연간' 분포 시각화 차트

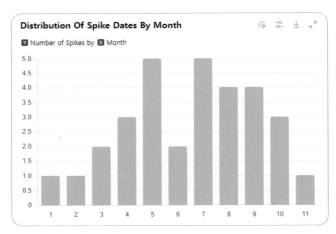

▲ 급증 날짜 데이터의 '월간' 분포 시각화 차트

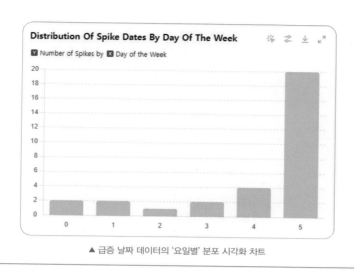

▲ 급증 날짜 데이터의 '요일별' 분포 시각화 차트

챗GPT는 급증 날짜의 특징을 파악하기 위해, 데이터를 연간/월간/요일별로 구분하고 어느 시점에 급증 데이터가 많이 분포되어 있는지를 차트로 표현해 주었다. 그런데 한 가지 오류가 있다. 각 시점의 마지막 데이터가 표기되지 않았다. 연간 차트에서는 2024년이, 월간 차트에서는 12월이, 요일별 차트에서는 일요일이 누락되었다.

웹 브라우저 이슈인지, 집필하면서 하도 챗GPT를 괴롭힌 탓인지는 모르겠지만 **몇 번 수정해 보다가 적당한 오류를 인정하기로 했다.** 챗GPT의 '현재'를 보여 주기 위해 다소 오류가 나더라도 있는 그대로를 저술할 테니 책을 읽는 분들도 이를 감안해서 봐 주시기를 바란다.

또한, 참고로 마지막 요일별 분포 차트를 보면 X축의 값이 0에서 5까지로 되어 있는데 이게 요일이다. 즉, 0은 월요일이고 5는 토요일인데, 6에 해당하는 일요일이 누락되어 있는 것이다.

정리하면, **검색량이 급증한 시점이 가장 많이 몰려 있는 연도는 코로나19가 발생했던 2020년이고, 월별로는 5월과 7월에 해당하며, 요일별로는 (일요일이 나와 있지는 않지만) 토요일과 일요일 등 주말에 해당**한다는 결론을 얻을 수 있다.

챗GPT의 해석을 들어 보자.

ChatGPT

(앞에서 챗GPT에게 요청한 '31개의 급증 날짜를 분석해 줘.'에 대한 답변에 이어서)
- 분석한 내용에 대해 해석해 줘.

31개의 급증 날짜에 대한 분석 결과는 다음과 같습니다 :

1. 연도별 분포
- 2016년과 2020년에 급증 날짜가 많이 발생했습니다.
- 다른 연도들에도 급증 날짜가 고르게 분포되어 있지만, 특정 연도에 집중된 경향이 보입니다.

2. 월별 분포
- 5월, 7월, 8월, 10월에 급증 날짜가 많이 발생했습니다.
- 여름철(7월, 8월)과 가을철(10월)에 특히 검색량이 급증한 것을 볼 수 있습니다.

3. 요일별 분포
- 일요일에 급증 날짜가 가장 많이 발생했습니다.
- 금요일과 토요일에도 급증 날짜가 빈번히 발생하는 경향이 있습니다.
- 이는 주말이나 휴일에 캠핑 검색량이 증가하는 경향을 반영할 수 있습니다.

결론
- 검색량의 급증은 주로 여름과 가을, 주말에 발생하는 경향이 있습니다.
- 특정 이벤트나 계절적 요인, 휴일이 검색량 급증에 영향을 미쳤을 가능성이 높습니다.

그래도 이 정도면 훌륭하지 않은가? 물론 3,074일 중에 급증 날짜를 11일만 꼽은 것만 보면 무조건 챗GPT에 의존할 게 아니라 직접 검증을 해야 할 필요성이 보이지만, 어쨌든 미심쩍은 부분들을 다 차치하고 정리한 내용을 보면 꽤 그럴싸하다.

챗GPT가 추가로 제공해 주는 원시 데이터(Raw Data)

한 가지 더 챗GPT가 전달해 준 결과물이 있다.

	A	B	C	D	E	F
1		날짜	difference	year	month	day_of_week
2	231	2016-08-19	25.37612	2016	8	4
3	232	2016-08-20	54.05766	2016	8	5
4	241	2016-08-29	8.27096	2016	8	0
5	415	2017-02-19	26.58415	2017	2	6
6	1290	2019-07-14	10.90936	2019	7	6
7	1291	2019-07-15	8.96021	2019	7	0
8	1548	2020-03-28	10.80561	2020	3	5
9	1569	2020-04-18	8.30801	2020	4	5
10	1570	2020-04-19	12.30267	2020	4	6
11	1577	2020-04-26	15.36352	2020	4	6
12	1598	2020-05-17	10.49433	2020	5	6

▲ Raw Data 추출 결과

스스로 분석할 수 있는 Raw Data를 제공해 준 것이다. 앞서 챗GPT가 알아서 만들었던 'difference'라는 항목 외에 'year' 'month' 'day_of_week'라는 변수도 추가해 주었다. 학습 능력이 대단하다. 같은 창에서 계속 문답을 이어가다 보면 챗GPT가 학습하고 있는 게 눈에 보일 정도다.

만약 이 책이 출간되고 1년 정도가 지난 내년(2025년) 이맘 때 이 책을 보게 된 독자는 이렇게 생각할 수도 있다. "아~ 이 때는 이런 게 신기했구나." 맞다. 지금 필자는 이 책을 쓰면서도 매우 신기해하고 있다.

일간 데이터를 월간 데이터로 바꾸기

네이버 데이터랩 사이트에서 동일한 데이터를 '월간Monthly'으로 바꿔 보자.

▲ 데이터랩 사이트의 일간 월간 변경 화면

아래 데이터는 데이터랩 사이트에서 월간으로 추출된 결과인데, 아마 이전보다 좀
더 보기 편할 것이다.

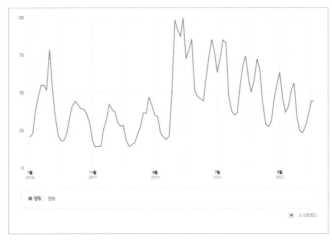

▲ 데이터랩 사이트, 캠핑 키워드 월간 검색 추이

어떤가? 일간 데이터를 볼 때보다 훨씬 눈에 잘 들어 오지 않는가? 이제 이 월간 데
이터를 다시 챗GPT에 넣어 보자. 역시 아무런 사전 정보를 주지 않는다.

	(데이터 업로드)
 ChatGPT	데이터가 성공적으로 정리되었으며, 두 개의 열로 구성되어 있습니다 : Date(날짜)와 Camping(캠핑). 정리된 데이터의 처음 몇 행은 다음과 같습니다 : 표 삽입 이 데이터셋은 2016년 1월부터 2024년 5월까지의 월별 캠핑 트렌드를 제공합니다. 특정 분석이나 시각화가 필요하시면 말씀해 주세요!

날짜	캠핑
2016-01-01	20.64937
2016-02-01	22.91429
2016-03-01	37.97965
2016-04-01	47.84339
2016-05-01	54.91540

▲ 캠핑 키워드 날짜 데이터 형식 변경

챗GPT가 예시로 보여 준 데이터를 보니 '날짜' 부분이 마음에 들지 않았다. 본 데이터는 이전의 '일간' 데이터와 달리 '월간' 데이터이므로 **날짜도 그에 맞게 조정이 되어야** 챗GPT에서 차트가 올바르게 나온다.

- '날짜'에 들어가 있는 항목들을 '2016-01' 형태로 바꿔 줘.
- 차트로 그려 줘.

ChatGPT

'날짜' 열의 항목들을 '2016-01' 형태로 변환했습니다. 변환된 데이터의 처음 몇 행은 다음과 같습니다 :

날짜	캠핑
2016-01	20.64937
2016-02	22.91429
2016-03	37.97965
2016-04	47.84339
2016-05	54.91540

▲ 캠핑 키워드 월간 추이 날짜 형식 변경

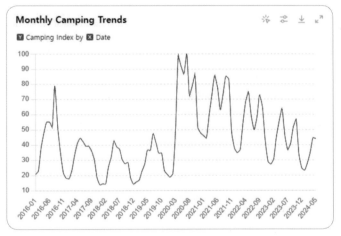

▲ 캠핑 키워드 월간 검색 추이

여기 월별 캠핑 트렌드에 대한 차트입니다. 날짜에 따라 캠핑 지수의 변화를 나타내고 있습니다.

차트의 기간 조정 이유

차트를 일 단위Daily로 보는 게 좋은지 월 단위Monthly로 보는 게 좋은지, 혹은 주간 단위 Weekly로 보는 게 좋은지는 판단하기 나름이다. 자신이 가진 데이터가 어떻게 표현되었을 때 데이터의 특성을 가장 잘 표현할 수 있는지를 분석가가 판단하는 것이다. 단순히 시각적으로 좋고 나쁘고를 떠나서 데이터를 잘 설명할 수 있는 방향을 선택하는 게 중요하다. 물론 필요하다면 세 가지 기준의 데이터를 모두 순차적으로 보여주며 특성을 읽어줘도 좋다.

선그래프는 어떻게 그려야 되고, 막대그래프는 어떻게 그려야 한다는 공식 같은 건 없다. 데이터에 따라서도 다르고, 분석 대상에 따라서도 다르다. 심지어는 **컨펌**Confirm, 검토와 승인을 맡아야 하는 대상에 따라서도 다르다. 취향이 작용할 수도 있고 접근 시각에 따라 다를 수도 있다.

우리가 그리고 있는 '캠핑' 키워드에 대한 일별, 월별 검색 추이 그래프를 비교해 보자. 어떤 그래프가 시장을 표현하기에 더 적합한가? 내 판단에는 오른쪽 월별 추이 그래프만으로도 보고서를 작성하기에 충분하지만 여러분의 생각은 다를 수 있다. 직접 그려보면서 비교해 보고 감을 익혀 보자.

하지만 어떤 차트를 선택하더라도 일별 차트를 반드시 확인하는 과정을 거쳐야 한다. 두 차트를 통해서 볼 수 있는 부분들이 다르기 때문이다.

일례로 다음 그림 중 왼쪽의 일별 차트에서는 특정 날짜 데이터가 튀지 않는지 확인이 가능한데 비해 오른쪽의 월별 차트에서는 그저 특정 월의 검색량이 다소 높았던 것으로 해석되기 쉽다. 월별 데이터에서 2016년의 검색량이 2017~2019년 등 대비 유독 많았던 것만 보면, 그 해에 무슨 일이 있었나? 정도로 이해하기 쉽지만, 왼쪽의 일별 차트를 보면, 2016년에 검색량이 많았던 것은 해당 년도 전체의 문제가 아닌 특정 며칠의 문제라는 것을 확인할 수 있다.

▲ 캠핑 키워드 일간 및 월간 추이 비교

이상치outlier에 대한 정의

이렇게 **유독 특정 데이터가 다른 데이터들과 현저히 차이나는 값**을 나타낼 때, 이 데이터를 '이상치outlier'라고 부른다. 말 그대로 '이상하다'는 의미다.

앞서 평균을 설명하면서 예시로 들었던 데이터를 떠올려 보자. 1, 2, 3, 4, 5, 6, 7, 8, 9, 10 다음에는 어떤 숫자가 와야 할까? 보통은 11이라고 생각할 것이다. 그런데 갑자기 111이 나왔다면? '누군가 오타를 냈나?'라는 의심이 들 것이다. 그래서 진짜 111이 나오는 게 맞는지 확인하려 들 것이다. 이게 쉽게 말하면 이상치다.

이상치를 영어로 하면 'outlier'라고 하는데, 'out'과 'lie'가 합쳐진 말이다. 'out'은 '밖에'라는 뜻이고, 'lie'는 '눕다'는 의미가 있으니까, 이 둘을 합치면 '밖에 누워 있다'는 표현이 된다. 집 밖에 누워 있으니 이상하지 않은가. 집 안에 있는 것들과 현저히 다르게 보이는 것, 그게 이상치다.

이상치의 원인은 다양하다. 작업자의 실수나 설비 측정 오류일 수도 있고, 특별한 이슈가 있었거나 아무런 이유 없이 그렇게 될 수도 있다. 그래서 이상치가 탐지되면, 원인을 알아보고 값을 원래대로 수정할지, 버릴지, 별도로 분리해서 분석할지를 결정해야 한다. 02장에서 하나의 주제로 다루었던 데이터를 정제하고 가공하는 과정의 일환이다.

이상치, 튀는 데이터의 원인 찾기

다시 캠핑 데이터를 확인해 보자. 아래는 엑셀로 그린 차트이다.

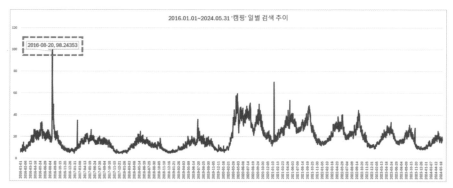

▲ 캠핑 키워드 일별 검색 추이

검색량이 가장 많았던 날짜를 보면 대략 2016년 8월 20일 전후이다. 20일의 검색 지수가 98.24353이니까 아마 검색지수가 100이었던 시점은 그 앞뒤의 어느 시점일 것이다.

그 날짜에 무슨 일이 있었는지 네이버 사이트에서 찾아보자.

▲ 네이버 캠핑 검색 조건 설정

2016년 8월 19일부터 2016년 8월 21일까지를 지정해서 '캠핑' 키워드로 검색한다. 참고로 네이버의 검색옵션 설정은 검색창 바로 아래 맨 오른쪽의 [···] (더보기) 버튼을 클릭하면 나오는 맨 아래 조건 설정에서 원하는 기간을 선택하면 된다.

네이버 검색을 통해 '당시 무슨 일이 일어났는지'를 알아보는 가장 빠른 방법은 **'언론 기사'**를 살펴보는 일이다. 아래 이미지처럼 검색창 아래의 [뉴스] 버튼을 클릭하면 기사만 조회할 수 있으며 여기서 소비자의 검색을 자극했을 만한 내용들을 찾아보면 된다.

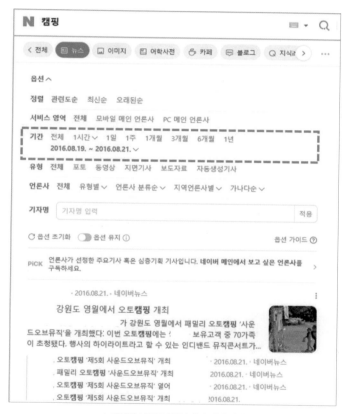

▲ 네이버 사이트에서의 캠핑 검색 결과

아래로 계속 내리면서 언론 기사들을 살펴보면 끝이 없는 것처럼, 스크롤을 내리면 내릴수록 계속 기사들이 로드Load되는 것을 볼 수 있다. 끝이 없는 건 아니니 걱정하지 않아도 된다. 고작 2일 치 언론 기사인데 내리고 내리다 보면 언젠가는 기사 제목을 다 읽을 수 있는 날이 오지 않겠는가.

하지만 이렇게 하염없이 내리면 빅데이터가 아니다. **빅데이터의 기본은 분량이 너무 많아서 일일이 보기 힘든 자료들을 한번에 수집하고 분석하는 게 아니던가.** 그런 거 하라고 코드Code가 있는 것이다.

다음 절에서는 데이터 수집이 가능한 방법이 있는지 역시 챗GPT에 물어보자.

3

코딩을 활용한
온라인 데이터 수집

데이터 수집 주의 사항

챗GTP를 이용한 데이터 수집 어디까지 가능할까?

https://search.naver.com/search.naver?where=news&query=%EC%BA%A0%ED%95%91&sm=tab_tmr&nso=so:r,p:from20160819to20160821,a:all&sort=0
여기에서 언론기사 제목만 수집해 줄 수 있어?

ChatGPT

네이버 뉴스 검색 페이지에서 자동 수집이 불가능합니다. 페이지에서 언론 기사 제목을 수집하기 위해서는 직접 접속하셔서 확인하셔야 합니다. 다음은 링크입니다 :

링크를 통해 직접 페이지에 접속하셔서 필요한 정보를 확인해 주세요.

위와 같이 직접 데이터를 수집해 줄 수 있는지 물었더니 그건 안 된다고 한다.

기술적으로 불가능한 건 아닐텐데, 아마 데이터 수집까지 해줄 경우, 데이터 규모에 따른 서버 부하 등이 있을 수 있어 지원하지 않는 것일 수 있다. 그리고 **데이터 수집은, 빅데이터가 이렇게 대중적으로 관심을 받고 발전되고 있음에도, 여전히 공개할 것인지 비공개할 것인지 협의가 충분히 되지 않은 부분이다.** 데이터는 창작물이고 자산이기 때문에 기업에서도 데이터 수집을 위한 온라인 접근을 막아 놓거나 권장하지 않는 부분이 있다.

따라서 데이터를 수집할 때는 데이터를 수집하려고 하는 웹사이트의 보안 정책을 가급적 준수하고 존중해 주는 것이 선진형 데이터 시대로 가는 지름길이라 여겨진다.

그래서 여기서는 간단하게만 어떻게 데이터를 수집하고 활용할 수 있는지 살펴보려고 하며 기사에 대한 수집은 **기사 내용 전체가 아닌 '기사 제목'만 수집하려고 한다.** 그리고 사실, 해당 시점에 어떤 이슈가 있었는지를 살펴보기 위해서는 기사 제목을 훑어보는 것만으로도 충분하다.

챗GPT를 통한 수집 코드 확보

챗GPT에게 요청했더니 네이버 포털에서 기사 제목 데이터를 수집할 수 있는 코드를 알려 주었다.

네이버 포털 사이트에서 기사 제목 데이터를 수집할 수 있는 코드를 알려 줘.

ChatGPT

```python
(1)
from selenium import webdriver
from selenium.webdriver.common.by import By
from selenium.webdriver.chrome.service import Service
from selenium.webdriver.common.keys import Keys
from webdriver_manager.chrome import ChromeDriverManager
import time
import pandas as pd

(2)
# 크롬 드라이버 설정
options = webdriver.ChromeOptions()
options.add_argument('--headless')  # 백그라운드에서 실행
options.add_argument('--no-sandbox')
options.add_argument('--disable-dev-shm-usage')

(3)
# 드라이버 초기화
driver = webdriver.Chrome(service=Service(ChromeDriverManager().install()), options=op
driver.get("https://search.naver.com/search.naver?where=news&query=%EC%8A%A0%ED%95%91&

(4)
# 일정 시간 동안 스크롤 내리기
scroll_pause_time = 2
last_height = driver.execute_script("return document.body.scrollHeight")

titles = []

(5)
while True:
    # 스크롤 내리기
    driver.execute_script("window.scrollTo(0, document.body.scrollHeight);")
    time.sleep(scroll_pause_time)
```

```
# 새로운 높이 계산 후 비교
new_height = driver.execute_script("return document.body.scrollHeight")
if new_height == last_height:
    break
last_height = new_height

# 기사 제목 수집
news_titles = driver.find_elements(By.CSS_SELECTOR, 'a.news_tit')
for title in news_titles:
    titles.append(title.text)
```

(6)
```
driver.quit()
```

(7)
```
# 추출된 기사 제목을 데이터프레임으로 변환
df = pd.DataFrame(titles, columns=['Title'])

# 엑셀 파일로 저장
df.to_excel('news_titles.xlsx', index=False)

print("엑셀 파일로 저장되었습니다.")
```

▲ 네이버 검색 결과 수집 코드

위 코드를 실행하면 추출한 기사 제목이 news_titles.xlsx 파일로 저장됩니다. pandas 라이브러리를 사용하여 데이터 프레임을 생성하고, to_excel 메서드를 통해 엑셀 파일로 저장합니다.

코딩 환경 개념 정의

해당 코드는 '주피터 노트북Jupyter Notebook'이라는 도구에서 사용되는 코드이다.

'주피터 노트북'은 **데이터 분석가들이 파이썬 코드로 데이터 분석 등 작업을 할 때 주로 사용하는 도구 중 하나**이다. 이 도구는 크롬chrome 등 웹 브라우저를 통해 화면이 열리고, 코드로 명령을 내리면 작업이 실행되며, 실행 결과도 한 화면에서 볼 수 있는 특징이 있다.

한 마디로 명령을 내리는 화면이라고 생각하면 된다. 다음과 같이 생겼다. 코드를 입력하고, Shift + Enter↵를 누르면 하나씩 실행되는 방식이다.

▲ 주피터 노트북 사용 예시

코딩에 필요한 언어를 다운로드한 후 설치하는 과정이나 세팅 방법 등은 인터넷에서 쉽게 찾아볼 수 있으므로, 이 책에서는 자세하게 다루지 않겠지만, 대략 이해하기 쉽게 설명하자면 이렇다. (용어는 최대한 일반적인 표현으로 대체했다.)

파이썬을 다루기 위해서는 가장 먼저 '파이썬' 프로그램을 다운로드해야 한다. 하지만 기본 파이썬 프로그램은 사용하기 불편하고, 예쁘지도 않아서 보통은 파이썬을 더 쉽게 사용할 수 있도록 도와주는 '별도의 프로그램'을 추가로 다운로드해 사용하는 편이다.

별도의 프로그램은 주피터 노트북 외에도 **PyCharm**파이참이나 **VS Code**브이에스 코드 등이 있는데 어떤 사람들은 주피터 노트북을 사용하고, 또 어떤 사람들은 파이참을 사용하는 식이다. 취향 차이도 있고, 어떤 걸 통해 파이썬에 입문했는지의 차이도 있으며, 다른 작업자들과 소통할 때 적합한 게 무엇인지를 따져서 결정하는 경우도 있다. 주피터 노트북이든 파이참이든 어차피 다 파이썬을 기반으로 하는 것이기 때문에 코딩을 잘 하는 사람들은 둘 다를 사용할 줄 아는 경우도 많다.

그런데 여기서 끝나는 것이 아니고 '**라이브러리**Library'라는 것을 추가로 설치해야 하는데 차트를 그리고 싶다면 차트를 그릴 수 있는 라이브러리를, 데이터 분석을 위해서는 데이터 분석 라이브러리를 설치하는 식이다.

라이브러리는 '**코드 모음집**' 같은 건데, 이 모음집이 하나로 통합되어 있지 않고, 모음집 1은 '차트 그리기용', 모음집 2는 '데이터 분석용' 이런 식으로 구분되어 있어서 필요한 작업을 할 때마다 필요한 라이브러리를 설치해 사용한다. 하지만 내 경우에는 주로 오류가 나면 설치한다. 라이브러리가 없어서 실행하지 못하니, 이 라이브러리를 설치하라고 프로그램이 친절하게 안내해 주기 때문이다.

지금까지 설명한 파이썬, 주피터 노트북, 라이브러리 등 3가지를 조금 더 이해하기 쉽게 설명해 보면 이렇다. '트랜스포머Transformer'라는 (로봇들이 자동차나 비행기 등으로 변신하는) 영화를 알고 있는가? 영화를 보지 못했다고 하더라도 인기 캐릭터인 '범블비 Bumblebee' 정도는 알고 있을 것이다.

범블비는 외계에서 온 생명체다. 범블비는 주로 자동차로 변신을 하는데, 모양이 정해져 있지 않고 올드카에서 스포츠카로 모양을 바꿀 수도 있다. 유치한가? 조금 더 들어 봐라.

영화 「트랜스포머(Transformers)」(2007) 1편을 보면 범블비가 처음에는 올드카였다가, 주인공 지구인이 디자인을 마음에 들어 하지 않자, 맞은 편에서 오던 멋진 스포츠카를 보고 똑같은 모양으로 변신하는 장면이 나온다. 범블비는 그대로인데 자동차로 변신했을 때의 모습이 바뀐 것이다. 디자인만 바꾼 게 아니라 성능도 스포츠카와 동일하게 바뀌었다. 눈치챘겠지만 여기서 범블비가 '파이썬'이고 변신한 스포츠카가 '주피터 노트북'이다.

그리고 다른 장면도 나온다. 범블비는 말을 하지 못한다. 말하는 기능이 손상되었다는 설정이 있었던 것 같다. 그래서 주인공과 대화할 때는 라디오를 통해 흘러나오는 진행자의 멘트나 광고 속 음성 중에 필요한 단어만 조합해서 문장을 만들어 얘기한다. 이게 '라이브러리'다. '음성'이라는 기능을 사용하고 싶을 때 '라디오'라는 라이브러리를 이용하는 것이다.

요약 **파이썬과 주피터 노트북, 라이브러리 관계 정리**

- **파이썬** : 데이터도 분석이나 개발에 활용되는 프로그래밍 언어
- **주피터 노트북** : 파이썬 코드를 인터랙티브interactive하게 작성하고 실행할 수 있는 환경
- **라이브러리** : 파이썬의 기능을 확장해 주는 도구들(모듈이나 패키지)

코딩을 조금 공부하다 보면 사실 별것도 아닌 건데, 이렇게 길게 얘기하는 이유는, 필자 역시 처음 코딩을 배울 때 이런 관계에 대한 정의나 용어가 머릿속에 잘 들어오지 않았기 때문이다. 지금 필자가 했던 설명이 기술적으로 보기에 명확하지는 않겠지만, 코딩을 배우기에 앞서 간단한 개념을 잡는 데 도움이 될 것이다.

데이터 수집에 필요한 주요 코드

돌아가서, 네이버에서 '캠핑'으로 검색한 언론 기사의 제목을 수집하는 코드에 대해 조금 더 자세하게 살펴보자.

온라인에 있는 데이터를 '수집'하기 위해서는 다음과 같이 '라이브러리' 설치가 필요하다.

주피터 노트북에서 수집 코드를 실행하기 위해 필요한 라이브러리 소개

- **Selenium** : 웹 브라우저를 자동화하기 위해 필요
- **WebDriver Manager** : 크롬 드라이버를 자동으로 다운로드하고 설정하기 위해 필요
- **Pandas** : 데이터를 다루고 엑셀 파일로 저장하기 위해 필요
- **Openpyxl** : Pandas가 엑셀 파일을 저장할 때 필요

주피터 노트북에 입력할 설치 명령어 예시

```python
!pip install selenium webdriver-manager pandas openpyxl
```

▲ 설치 명령어 예시

코딩을 공부하다 보면 숱하게 나오는 것들이니 벌써부터 외울 필요는 없지만, 간단하게 서로 인사 정도 나눈다고 생각하자.

우선, 라이브러리 첫 번째로 적혀 있는 '셀레니움Selenium'은 이름만 알고 있으면 언젠가 기억이 날 것이다. 두 번째는 설치 명령어 중 앞에 붙은 'pip install'이다. 어떤 라이브러리든 설치할 때 무조건 이 코드를 앞에 붙인다. 외우려고 노력하지 않아도 된다. 어차피 외워진다.

한 가지 더, 데이터를 '수집'한다고 할 때 사용하는 용어가 있다. '크롤링Crawling'. 크롤링은 웹사이트에서 데이터를 자동으로 수집하는 과정을 의미한다. Crawl이 '(엎드려) 기다'는 의미이기도 하고(아기들처럼), 수영으로 치면 '자유형Freestyle 영법'을 의미하기도 한다. 웹사이트에서 데이터를 수집하는 것과 네 발로 기어다니는 게 무슨 상관이 있을까 싶지만, 인터넷이라는 거대한 바다를 탐색하기 위해 엎드린 자세로 손을 저으며 스쿠버 다이빙을 하고 있는 이미지를 연상해 보면 그래도 조금은 고개가 끄덕여지지 않을까 싶다.

데이터 수집에 필요한 코드 상세 설명

이제 앞에서 챗GPT가 뽑아 준 전체 코드를 하나씩 살펴보자. 코드별 설명은 챗GPT의 도움을 받아 최대한 일반적인 언어 및 표현으로 바꾸고자 했다.

| 실행 코드 (1) | ```
from selenium import webdriver
from selenium.webdriver.common.by import By
from selenium.webdriver.chrome.service import Service
from selenium.webdriver.common.keys import Keys
from webdriver_manager.chrome import ChromeDriverManager
import time
import pandas as pd
``` |
|---|---|
| 코드 설명 | **필요한 라이브러리 가져오기** : Selenium, ChromeDriverManager, pandas 등 라이브러리 호출

➜ 여기서 '필요한 라이브러리'라 함은, 사람이 직접 웹 브라우저를 열고 클릭을 하는 등의 행동을 **'대신 자동으로 해주는 데' 필요한 도구들**이라는 의미다.

➜ **Selenium**은 웹 브라우저를 자동화하기 위한 '라이브러리'이고 Selenium이라는 라이브러리 안에 (웹 브라우저를 작동하기 위한) 여러 세부 기능(모듈, 클래스 등)이 있기 때문에 이 코드는 불러와야 하는 기능들을 정의하고 있는 것이다.

• **webdriver** : Selenium에서 브라우저를 제어하기 위해 사용되는 모듈
• **By** : selenium.webdriver.common.by 모듈에 포함되어 있는 클래스로, 웹 페이지에서 HTML 요소를 찾기 위한 다양한 방법을 제공 (*HTML 요소는 웹 페이지를 구성하는 기본 단위) |
```

	• **Service** : selenium.webdriver.chrome.service 모듈에 포함되어 있는 클래스로, 웹 드라이버를 '서비스'로 관리하고 실행하는 데 사용 • **Keys** : selenium.webdriver.common.keys 모듈에 포함되어 있는 클래스, 키보드 이벤트를 처리 ➜ **ChromeDriverManager** : ChromeDriver를 자동으로 설치하고 관리 • **time** : 시간 관련 함수 제공 • **pandas** : 데이터 분석 및 조작을 위한 라이브러리

실행 코드
(2)
	``python
	options = webdriver.ChromeOptions()
	options.add_argument('--headless') # 브라우저를 백그라운드에서 실행
	options.add_argument('--no-sandbox') # 샌드박스 모드 비활성화 (리눅스 관련 문제 방지)
	options.add_argument('--disable-dev-shm-usage') # 공유 메모리 사용 비활성화 (리눅스 관련 문제 방지)
	``

코드 설명	**크롬 드라이버 옵션 설정** : 브라우저를 **백그라운드에서 실행**하도록 설정 ➜ 크롬 드라이버는 Selenium을 사용해서 웹 브라우저를 움직이는 데 필요하며 백그라운드에서 실행하도록 설정하면 브라우저 창을 화면에 띄우지 않아도 되어 편리함 • **ChromeOptions( )** : 크롬 브라우저의 옵션을 설정하기 위한 객체 • **add_argument** : 크롬 브라우저에 전달할 옵션 추가

실행 코드
(3)
	``python
	driver = webdriver.Chrome(service=Service(ChromeDriverManager().install()), options=options)
	driver.get("https://search.naver.com/search.naver?where=news&query=%EC%BA%A0%ED%95%91&sm=tab_tmr&nso=so:r,p:from20160819to20160821,a:all&sort=0")
	``

코드 설명	**크롬 드라이버 초기화 및 페이지 열기** : 웹 드라이버를 초기화하고 특정 URL 오픈 ➜ Selenium이 크롬 브라우저를 제어할 수 있도록 크롬 드라이버를 초기화 ➜ Selenium을 활용한 데이터 수집 시 크롬 브라우저의 버전과 크롬 드라이버의 버전이 일치해야 하기 때문에 크롬 브라우저가 업데이트되면 크롬 드라이버의 버전 역시 교체해야 하는데, 이 과정을 통해 사용자가 별도로 크롬 드라이버를 다운로드하고 경로를 설정할 필요가 없도록 조치 • **webdriver.Chrome** : 크롬 드라이버를 초기화

	• **service** : ChromeDriverManager를 사용하여 크롬 드라이버를 설치하고 관리 • **get** : 지정된 URL을 열기 위해 브라우저에 지시
실행 코드 (4)	```python\nscroll_pause_time = 2 # 스크롤 후 대기 시간 (초)\nlast_height = driver.execute_script("return document.body.\nscrollHeight") # 페이지 초기 높이\ntitles = [] # 기사 제목을 저장할 리스트\n```

코드 설명	**스크롤 내리기 및 데이터 수집 설정** : 스크롤 대기 시간과 초기 페이지 높이를 설정
	➡ 수집하려는 사이트는 스크롤을 계속 내려야 기사가 보이는 방식이므로 자동으로 스크롤을 내리는 명령을 내려 데이터를 확보함
	  • **execute_script** : '자바스크립트'를 실행하여 페이지의 전체 높이를 가져옴
	    *자바스크립트(JavaScript)는 웹 개발에서 널리 사용되는 프로그래밍 언어로 클릭 기능 등 웹 페이지의 동작을 제어하는 기능 담당

실행 코드 (5)	```python\nwhile True:\n driver.execute_script("window.scrollTo(0, document.body.\n scrollHeight);")\n time.sleep(scroll_pause_time)\n new_height = driver.execute_script("return document.body.\n scrollHeight")\n if new_height == last_height:\n break\n last_height = new_height\n\n news_titles = driver.find_elements(By.CSS_SELECTOR,\n 'a.news_tit')\n for title in news_titles:\n titles.append(title.text)\n```
코드 설명	• **스크롤 및 데이터 수집 루프** : 페이지 끝까지 스크롤하면서 기사 제목을 수집 • **while True** : 무한 루프(infinite loop, 무한 반복) 시작 • **scrollTo** : 자바스크립트를 사용하여 페이지 끝까지 스크롤 • **find_elements** : CSS 선택자를 사용하여 모든 기사 제목 링크를 찾음 • **append** : 기사 제목을 리스트에 추가

실행 코드 (6)	`driver.quit()`
코드 설명	**드라이버 종료** : 크롬 드라이버를 종료
실행 코드 (7)	`df = pd.DataFrame(titles, columns=['Title'])` *# 제목 리스트를 데이터프레임으로 변환* `df.to_excel('news_titles.xlsx', index=False)` *# 데이터프레임을 엑셀 파일로 저장* `print("엑셀 파일로 저장되었습니다.")`
코드 설명	**데이터를 데이터프레임으로 변환 및 엑셀 파일로 저장** : 수집한 데이터를 pandas 데이터프레임으로 변환하고 엑셀 파일로 저장 • **DataFrame** : pandas 데이터프레임 객체 생성 • **to_excel** : 데이터프레임을 엑셀 파일로 저장 • **print** : 파일 저장 완료 메시지 출력

해당 내용을 아주~ 아주~ 아주~ 아주~ 간단하게 표현하면 이렇다.

① 자, 지금부터 데이터 수집을 해보도록 하지!

② 컴퓨터가 자동으로 크롬 브라우저를 열고 스크롤을 아래로 내리면서 전체 내용이 표시되게 하자.

③ 내용이 다 표시되면 기사의 제목을 긁어 오자.

④ 긁어 온 제목들을 엑셀에 담자.

⑤ 엑셀 파일을 컴퓨터에 저장하자.

이렇게 간단하게 정리해서 설명하면 될 것을 굳이 코드 하나하나를 분해해 설명한 이유는, **코딩을 공부할 때 이렇게 접근하면 좋겠다는 바람 때문**이다. 반복해서 얘기하지만, 코드code는 '언어'다. 언어는 단어(어휘)와 문장(문법)으로 구성되어 있다.

코딩 공부 방법

영어로 시간을 물어볼 때 "What time is it, now?"라고 문장을 외워서 하는 것도 좋지만, 'What' 'time' 'is' 'it' 등의 단어 하나하나를 알아야 머리에 새겨지고 더 잘 외워진다. 그래야 각 단어를 사용해 다른 말을 만들어서 할 수 있다.

컴퓨터와 대화하는 언어도 마찬가지가 아닐까 싶다. ('pip install' 같은) 많이 쓰는 간단한 코드야 쓰면서 저절로 외워지겠지만, 그렇지 않은 코드들은 쉽게 머릿속에 들어오지 않을 것이다. 그래서 단어를 익히듯이 하나하나 찾다 보면 처음에는 더디다고 느껴질지 몰라도 점점 이해 속도가 빨라지는 것을 느낄 수 있을 것이다.

더욱이 코딩은 영어로 된 코드뿐만 아니라, 그 코드를 설명하는 '한글'도 같이 알고 있어야 이해가 빨리 된다. 위의 설명 내용을 통해 알겠지만, 우리나라 말로 설명하는 데도 전혀 못 알아듣는 부분이 많았을 것이다. '용어' 자체가 알 듯 말 듯한 영어로 되어 있기 때문이다. '모듈' '클래스' '데이터프레임' '이벤트' ….

거기다가 '함수'는 뭐고, '객체'는 또 뭔지….

단어 하나하나를 보면 모를만한 단어는 없는 것 같지만, 일상적으로 쓰이는 단어들이 아니기 때문에, '용어'로서의 의미가 머릿속에 그려져야 하는데 낯설기만 할 것이다. **어떤 용어를 아는 것도 중요하지만, 어떤 용어를 수식하고 설명하는, '용어 속의 용어'를 아는 것도 중요하다.** 그 역시 언어이기 때문이다.

4

수집된 데이터
분석하기

언론 기사 수집 결과 확인

앞서 3절에서 챗GPT가 알려 준 코드를 실행하면 'news_titles'라는 엑셀 파일이 하나 생긴다. 참고로 해당 파일이 저장된 경로는 파이썬 코드를 실행한 경로와 일치해서 파이썬을 설치했던 폴더로 들어가 보면 찾을 수 있을 것이다. 모르면? 역시 챗GPT에게 물어보면 된다.

▲ 데이터 수집 결과 파일

언론 기사 제목(Title)
강원도 영월에서 오토캠핑 개최
하이원리조트, 그린 캠핑 위크 판매
[포토] 우리돼지 한돈과 함께하는 돈고돈락(豚Go!豚樂!) 캠핑페스티벌 개최

'무한도전' 캠핑부터 안창호 발자취까지 '꿀잼예고'

'늦여름 캠핑과 예술 함께 즐겨요' ⋯ 국제아트캠핑 개최

KB국민카드, 고객 초청 캠핑 이벤트

소풍처럼 가볍게 ⋯ 도심 속 캠핑 '캠프닉' 인기

[다큐3일] 한여름의 꿈 ⋯ 하동 평사리 캠핑장의 72시간

무한도전 유재석, '정준하 캠핑전문가라더니 매니저가 다 해'

'다큐 3일' 하동 캠핑장, 트레일러부터 텐트까지 '같이 있다는 게 행복'

'다큐 3일' 하동 캠핑장, 트레일러부터 텐트까지 '같이 있다는 게 행복'

[포토] 캠핑장? 주차장? ⋯ 홍천강변의 피서 행렬

더위? 뭣이 중헌디! 불타는 캠핑장

엑셀 파일을 열어보면 총 4,640개의 언론 기사가 수집되었는데 위와 같이 동일한 기사 제목이 존재하는 것이 눈에 띈다. 좀 더 보기 쉽게 동일한 기사 제목들을 하나로 합쳐야겠다. 이 과정이 무엇인가? 데이터 가공이다.

제목을 기준으로 동일한 것들끼리 묶어서 카운트해 줘.

ChatGPT

언론 기사 제목(Title)	Count
[술안주 & 캠핑요리] Dream come ture '무말랭이 오징어무침'	85
'아찔한 캠핑' 정준하vs김준현, 라면 먹방 대결 '먹방 고수는?'	85
'아찔한 캠핑' 김준현 '콩트 하다 손에 불붙은 적 있어'	85
소유진, '아이가다섯' 종영소감 '♥감사해요'	85
낙동강 둔치에서 '안동캠핑축제' 개최	85
무한도전 유재석, 박명수에 외모 굴욕 '이박사 같이 생겨가지고'	67
KB국민카드, '2016 KB국민카드 엔돌핑' 행사 실시	67
'혼밥족 잡아라' ⋯ 유통업계 '간편식 전쟁'으로 후끈	67
[시선강탈] '아찔한 캠핑' 홍진호, '지니어스'다운 추리력	63

제공된 데이터에서 각 제목별로 발생 횟수를 집계했습니다. 결과는 표시된 표에서 확인할 수 있습니다.

전체 4,640건의 기사들을 수집했고, 동일한 기사 제목으로 묶었더니 182개로 압축되었다. 그러니까 182개의 기사가 4,640건 발행되었음을 의미하며, 동일한 제목의 기사가 가장 많이 발행된 횟수는 85회였다.

182개 항목이 담긴 엑셀 파일을 다시 챗GPT에 업로드해 기사별로 발행 분포를 확인해 보았다. 내친김에 차트로 그려 달라고 해보자.

- 182개 항목을 기준으로 차트를 그려 줘.
- X축의 항목명은 내용이 기니까 앞에 '세글자'까지만 표시해 줘.

ChatGPT

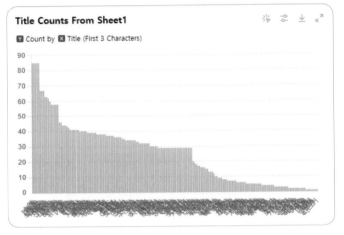

▲ 기사 제목 글자 수 조정 결과

각 제목의 앞 세 글자만 표시하여 집계한 차트를 생성했습니다. 차트에서 제목별 발생 횟수를 확인할 수 있습니다.

다양한 방법으로 시도해 봤는데 X축 항목은 개수가 많아 거의 보이지 않았다. 하지만 우리가 중요한 건 **데이터의 발행 건수 분포를 살펴보는 것**이니 X축 항목이 겹쳐서 알아보기 힘들어도 상관없다. 추측건대 발행량이 많은 기사가 소비자에게 영향을 미쳤을 것이니 **발행 건수가 많은 기사들만 추려서 보는 게 좋겠다.**

| count 기준 50건 이상인 항목에 대한 리스트 뽑아 줘. |

카운트 기준 50건 이상인 제목의 리스트는 다음과 같습니다 :

① [술안주 & 캠핑요리] Dream come ture '무말랭이 오징어무침' - 85건
② '아찔한 캠핑' 정준하vs김준현, 라면 먹방 대결 '먹방 고수는?' - 85건
③ '아찔한 캠핑' 김준현 '콩트 하다 손에 불붙은 적 있어' - 85건
④ 소유진, '아이가다섯' 종영소감 '♥감사해요' - 85건
⑤ 낙동강 둔치에서 '안동캠핑축제' 개최 - 85건
⑥ 무한도전 유재석, 박명수에 외모 굴욕 '이박사 같이 생겨가지고' - 67건
⑦ KB국민카드, '2016 KB국민카드 엔돌핑' 행사 실시 - 67건
⑧ '혼밥족 잡아라'…. 유통업계 '간편식 전쟁'으로 후끈 - 67건
⑨ [시선강탈] '아찔한 캠핑' 홍진호, '지니어스'다운 추리력 - 63건
⑩ 전북문화관광재단, 고창서 창의예술캠프 마쳐 - 63건
⑪ '무한도전' 박명수, 유재석에 '이박사 같이 생겼다' 디스 - 62건
⑫ [맞수열전①] '달리는 집' 가성비의 '쏠라티' vs 고급진 '스프린터' - 60건
⑬ 내장산 관광특구 '새 단장'… 정읍시 주차장·산책로 조성 - 58건
⑭ [오늘의 주요 일정] 강원(21일, 일) - 58건
⑮ '다큐 3일' 하동 캠핑장, 트레일러부터 텐트까지 '같이 있다는 게 행복' - 58건

문장에서 키워드 추출하기

그런데 기사 제목들을 보다 보니 '무한도전'에 대한 기사가 꽤 많아 보인다. **정말 <무한도전> 프로그램이 캠핑 검색에 영향을 미쳤을까?** 일일이 얼마나 많은 기사가 있는지 확인할 수 없으니 수집된 기사 제목에서 키워드들을 추출해 보자.

| 182개 항목 기준으로 기사 제목에서 '키워드'를 추출해 줘. |

데이터 프레임에서 키워드를 추출하려면 주로 제목에서 빈번하게 나타나는 단어들을 찾아야 합니다. 이를 위해, 제목을 토큰화하고 빈도를 계산하여 키워드를 추출하겠습니다. 우선 텍스트를 전처리하고, 자주 나타나는 단어들을 키워드로 추출해 보겠습니다.

Grouped Keywords From Titles		
	Keyword	Frequency
1	무한도전	24
2	도산	10
3	안창호	9
4	캠핑	8
5	행사	7
6	프로모션	7

▲ 동일한 기사 제목을 묶은 다음 키워드 추출한 결과

182개의 고유한 제목을 기준으로 추출한 키워드는 위와 같습니다.

역시 '무한도전'* 키워드가 24건으로 가장 많이 나타났다. 그 외에는 도산, 캠핑, 행사, 프로모션 등의 키워드가 있는데 대부분 키워드당 10건 이하로 무한도전 키워드 건수에 비해 많은 수준은 아니다. 키워드 빈도Frequency로는 전체 구조를 확인하기 어려우니 챗GPT에게 시각화를 부탁하자.

('나눔고딕' 폰트를 챗GPT에 업로드한 뒤)
- 이 폰트를 사용해서 추출한 키워드에 대한 '워드 클라우드'를 그려 줘.
(참고로 폰트는, 네이버가 제공하는 '나눔고딕' 폰트를 활용했다.
네이버 포털에서 '나눔 폰트'를 검색하면 쉽게 다운로드 가능하니, 필요하면
이용해 보기를 바라며, 윈도우에 깔려 있는 기본 폰트를 사용해도 상관없다.
컴퓨터에서 폰트 파일은 다음의 경로에 있다. C:\Windows\Fonts)

ChatGPT

▲ 워드 클라우드 분석 결과

---

* <무한도전>은 2006년 5월부터 2018년 3월까지 MBC에서 방영된 장수 예능 프로그램이다.

여기 업로드된 한글 폰트를 사용하여 생성한 워드 클라우드입니다. 키워드가 잘 표시된 것을 확인할 수 있습니다.

워드 클라우드 기법 설명

이런 시각화 기법을 '워드 클라우드Word Cloud'라고 하는데, 키워드별 데이터 값에 따라 키워드 크기를 그려주는 것이다. 이렇게 보면 어떤 키워드의 빈도가 가장 높은지, 대략적인 분포는 어떤지 등을 한눈에 파악할 수 있다.

실제로 텍스트 분석을 할 때 가장 먼저 워드 클라우드를 그려 보는 경우가 많다.

워드 클라우드가 그 자체로 대단한 인사이트를 주지는 못하지만, 문장에 포함된 '키워드'를 뽑아서 빈도를 계산하고 시각화해 보면 대략적인 정제, 가공 방향을 가늠할 수 있게 해줄 때가 있다. 지금은 심플하게 '확인용'으로 그렸지만, 이 작업도 마음먹고 정교화하려면 시간이 적지 않게 걸린다.

챗GPT의 '워드 클라우드' 설명을 참고해 보자.

'워드 클라우드'에 대해 설명해 줘.

ChatGPT

워드 클라우드는 텍스트 데이터의 시각적 표현 방법 중 하나로, 주로 텍스트 내에서 단어의 빈도나 중요도를 시각적으로 나타내기 위해 사용됩니다. 워드 클라우드는 일반적으로 다음과 같은 특징을 가지고 있습니다 :

1. **단어 크기** : 단어의 크기는 해당 단어가 텍스트 데이터에서 얼마나 자주 등장하는지를 나타냅니다. 빈도가 높을수록 단어가 더 크게 표시됩니다.
2. **단어 색상** : 단어의 색상은 종종 추가적인 정보를 전달하기 위해 사용됩니다. 예를 들어, 특정 주제나 카테고리를 나타낼 수 있습니다.
3. **단어 배치** : 단어는 일반적으로 임의의 위치에 배치되지만, 중요한 단어는 중앙에 배치되고, 덜 중요한 단어는 가장자리에 배치될 수 있습니다.

활용 사례
- **텍스트 분석** : 뉴스 기사, 블로그 포스트, 소셜 미디어 게시물 등에서 자주 사용되는 단어를 빠르게 식별할 수 있습니다.
- **데이터 시각화** : 회의, 세미나, 연구 논문 등의 주요 주제를 시각적으로 요약할 때 유용합니다.

- **브랜드 분석** : 고객 리뷰나 피드백에서 자주 언급되는 키워드를 파악하여 브랜드 인식을 분석할 수 있습니다.

생성 방법

워드 클라우드는 다양한 프로그래밍 언어와 도구를 사용하여 생성할 수 있습니다. 파이썬에서는 워드 클라우드 라이브러리를 사용하여 쉽게 생성할 수 있습니다. 주요 단계는 다음과 같습니다 :

1. **텍스트 데이터 수집** : 분석할 텍스트 데이터를 수집합니다.
2. **텍스트 전처리** : 불필요한 단어를 제거하고, 단어의 빈도를 계산합니다.
3. **워드 클라우드 생성** : 전처리된 데이터를 기반으로 워드 클라우드를 생성합니다.

급증 시점 상세 분석

〈무한도전〉 프로그램이 캠핑 검색 급증에 영향을 미쳤을 수 있다는 단서를 얻었으니, 당시 데이터 급증 시점에 대해 조금 더 상세하게 알아볼 필요가 있다. 데이터랩 사이트에서 다운로드한 엑셀 파일의 추세 데이터를 다시 살펴보기로 했다. **데이터가 급증했던 2016-08-21(100) 시점을 기준으로 전후 4일 치씩의 날짜들을 모아, 노란색으로 칠하고 이 부분만 '엑셀'로 추이 데이터를 그렸다.**

▲ 데이터 급증 시기 전후 비교

그림을 보면, 검색량이 가장 높았던 시기가 정확하게는 '2016년 8월 20일'과 '2016년 8월 21일' 이틀이었다. 이후 22일에는 검색량이 3분의 1 정도 감소(68.71)했고, 24일(41.9)

이 되어서야 급증 직전인 19일(44.1) 수준으로 검색량이 내려왔다. 8월 25일(38.2)에
도 소폭 감소하기는 했지만 8월 18일(18.8)의 검색량보다는 두 배 가까이 높다.

자, 이 날짜들이 **무슨 요일인지** 당시 달력을 보자.

▲ 네이버 달력

어떤 특징이 있는가? 검색량이 가장 높았던 시기인 20일과 21일은 주말이다. 토요일과
일요일이었고, 〈무한도전〉은 토요일에 방송한다. 어떤가? 그럴듯한가?

이 가설에 다가가기 위해서 한 가지 더 확인해야 할 것이 있다. '무한도전'에 대한
검색량이다.

〈무한도전〉에 대한 관심이 캠핑에 대한 검색 급증으로 이어질 정도였다면, 2020년
8월 20일의 무한도전 검색량도 다른 시기보다 현저히 높아야 하지 않을까? 그래서 **넉
넉잡아 2016년 1월 1일부터 2017년 12월 31일까지 2년 간의 일별 검색 추이를 추출했다.** 참
고로, 〈무한도전〉은 2018년 3월까지 방영했기 때문에 2018년 데이터는 제외했다.

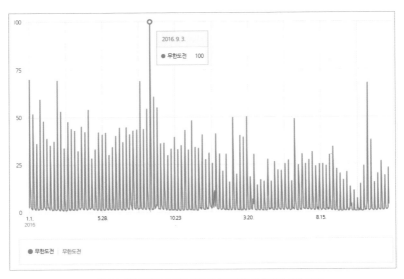

▲ 네이버 데이터랩 〉 2017년 12월 31일까지의 무한도전 검색 추이

2년 동안 '무한도전' 검색량이 가장 높았던 시기는 2016년 9월 3일(토)이었다. 그리고 대체로 2017년 대비 2016년의 검색량이 높아 보이니, 2017년의 데이터는 제외하고 **2016년 1월 1일부터 2016년 12월 31일까지로 데이터 추출 기간을 좁혀 보자.**

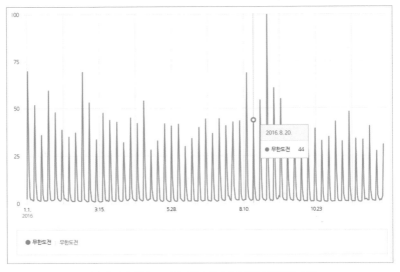

▲ 네이버 데이터랩 〉 2016년 12월 31일까지의 무한도전 검색 추이

우리가 보고자 했던 2016년 8월 20일의 무한도전 검색 지수는 44였다. 다른 기간 대비 특별히 검색량이 높아 보이지 않는다. 캠핑과 〈무한도전〉은 진짜 관련이 있는 것일까?

결론

이제까지 우리가 한 분석 과정을 정리해 보자.

① '캠핑' 키워드에 대한 검색 추이를 추출해서 검토했다.

② 2016년 8월 20일, '캠핑' 키워드에 대한 검색 추이가 이상하게 튀었다. [이상치 확인]

③ 해당일에 게시된 캠핑 관련 언론 기사들을 살펴서 '원인'을 찾아보기로 했다. [가설]

④ '파이썬 수집 코드'를 활용해 해당일 게시된 언론 기사들의 '제목'을 수집했다. [수집]

⑤ 동일한 제목의 기사들을 묶어서 빈도를 계산하고 상위 내용을 살펴봤다. [가공]

⑥ '무한도전' 관련 내용이 눈에 많이 띄어서, 제목을 키워드 단위로 추출했다. [추출]

⑦ 키워드들을 빈도순으로 나열해 보니 '무한도전' 키워드 언급이 가장 높았다. [검증]

⑧ 그런데 '무한도전'의 검색 추이를 보니, 해당 일의 검색량은 평이한 수준이었다. [검증]

2016년 8월 20일에 게시된 캠핑 관련 기사 중 상위에 무한도전 관련 기사들이 존재했다. 그러니 당시 무한도전 방송에서 캠핑과 관련된 내용을 다룬 것은 맞는 것 같은데 당시 무한도전에 대한 관심이 다른 시점보다 유독 높지는 않았다. 무한도전과 캠핑과의 연결 고리는 있는데, 무한도전이 캠핑 검색량을 높이는 데 주된 영향을 미쳤다고 보기에는 살짝 애매하다. 자료가 충분하지 않기 때문이다.

만약 검색 데이터를 시간별 추이로도 볼 수 있다면, **당시 검색이 급증한 시점이 무한도**

전 방송 이후였는지 이전이었는지를 확인해서 영향력을 단정할 수 있을 것 같은데, 아쉽게도 우리가 더 이상 접근할 수 있는 정보는 없다. 그러니 우리는 당시에 왜 검색이 급증했는지 알 수 없다.

아주 먼 길을 달려온 것 치고는 허무한 결론일 것이다. 하지만, 실전에서 지금 같은 상황은 비일비재하다. 어떤 경우에는 단 하나의 이유를 찾기 위해 몇 날 며칠 매달리기도 하는데, 그렇다고 반드시 원인이 규명되는 것도 아니다. 지금처럼. 하지만 데이터가 왜 그렇게 나왔는지 스스로 납득이 되어야 다른 사람을 설득할 수 있으니 어쩔 수 없이 보고 또 봐야 한다.

그래서 필자는 초보자 분들이 코딩을 배우기 전에 이렇게 끈질기고 집요하게 데이터를 보는 경험을 꼭 해봤으면 좋겠다. 빅데이터 분석가, 데이터 사이언티스트라고 하면 겉으로는 화려하게 보일지 몰라도, 물 밑에서는 다들 미친듯이 발을 젓고 있다. 인사이트는 데이터와의 수많은 씨름 끝에 나온다는 것을 아닐까.

강의에서 어떤 분이 이런 질문을 했다.

"데이터를 자세하게 봐야 한다는 건 알겠는데 어느 시점까지, 혹은 어느 정도까지 자세하게 분석해야 할지, 어떻게 정해야 하나요?"

결론부터 말하자면 정할 수 없다.

필자 역시 추세 데이터의 모든 구간을 다 자세하게 분석하지는 않는다. 분석은 시간이 정해진 싸움이라 개인적인 욕심만으로 한없이 파고들 수는 없다. 하지만 아직 배우는 학생이라면, 원칙은 모두 분석하는 것이어야 한다고 얘기해 주고 싶다. 분석하지도 않을 데이터를 길게 그릴 필요는 없으니까. 그리고 어디까지 자세하게 분석해야 할지를 정하는 건, 규칙이 아닌 실력의 범주에 속한다.

서로 다른 데이터를
비교 분석하는 방법

비교할 세 가지 키워드 선정

연관키워드 조회 결과 (1000개)				
전체추가	연관키워드 ⑦	⬍	월간검색수 ⑦	
			PC ⬍	모바일 ⬍
추가	캠핑		14,700	56,600
추가	캠핑용품		15,800	64,300
추가	캠핑음식		15,600	62,500

▲ 검색광고 사이트에서의 캠핑 연관키워드 조회 결과

검색광고 사이트에서의 캠핑 연관키워드 순위를 기억하는가? '캠핑' '캠핑용품' '캠핑음식' 등 3개의 키워드가 연관성이 매우 높게 나왔다. 심지어 '캠핑' 검색량보다 나머지 두 단어의 검색량이 소폭이지만 더 많다. 3개 데이터의 검색 추이를 확인해 보자. **아, 맞다. 한동안 우리를 괴롭혔던 2016년은 버리자.**

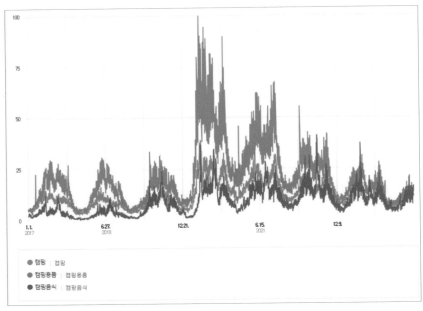

▲ 데이터랩 사이트에서의 키워드별 검색 추이 비교 차트

보이는 대로 차트 읽기

역시 가장 먼저 해야 할 일은 챗GPT에 다운로드 받은 데이터를 넣어 보는 것이다. 그런데 그전에 차트에서 보이는 대로 읽어 보자. 아무 얘기라도 좋다. 3개의 키워드를 비교하는 얘기여도 좋고, 각자의 키워드에 대한 얘기여도 좋다. 혹은 데이터가 좀 이상하다거나 3개 중에 이런 키워드는 보지 않아도 상관없을 것 같다거나. 정말 아무 얘기여도 좋으니 잠깐 이 차트를 보면서 생각해 보고 노트에 적어 보자.

여기 다음으로 선을 그을 테니, 밑에 필자가 쓴 해석들이 보이거든 얼른 종이 하나를 꺼내서 가려라.

이제부터 필자에게 보이는 것들을 얘기해 보겠다. **생각하기 전에 이 부분을 가리면 된다.**

- 대체로 흐름은 비슷하다. 2020년 코로나19 영향으로 캠핑 시장의 검색량이 급증했다.
- 2019년까지는 증가하고 감소하는 패턴이 비교적 일정했는데 **2020년에는 급증하더니 이후 증가 폭이 둔화**되었고, 2023년쯤에는 2019년 수준으로 내려왔다.
- '캠핑용품' 키워드 검색량이 '캠핑'이나 '캠핑음식' 대비 전반적으로 높아 보이는데 2022년부터는 '캠핑음식' 검색량이 '캠핑용품' 검색량을 앞지르기 시작했다.
- 캠핑 시장이 코로나19를 기점으로 커지면서 '캠핑음식'에 대한 관심이 증가한 것 같다.

패턴 분석하기

동일한 데이터에 대해 챗GPT는 어떤 해석을 주는지 알아보자. 네이버 데이터랩 사이트에서 추출한 데이터를 챗GPT에 업로드했다.

업로드 한 데이터를 분석해 줘.

ChatGPT

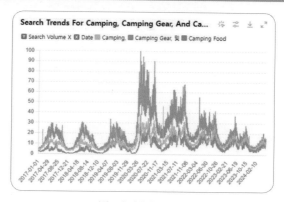

▲ 키워드별 검색 추이 비교 분석

위 그래프는 2017년부터 2024년까지의 '캠핑' '캠핑용품' '캠핑음식'에 대한 검색 트렌드를 나타냅니다.

- **캠핑** : 전반적으로 꾸준한 검색량을 보이며, 특정 시기에 피크를 기록하고 있습니다.
- **캠핑용품** : '캠핑'과 유사한 패턴을 보이지만, 더 구체적이고 일관된 피크를 나타냅니다.
- **캠핑음식** : 다른 두 키워드에 비해 검색량이 다소 낮지만, 여전히 특정 시기에 상승하는 패턴을 보입니다.

별다른 주문을 하지 않았는데도 불구하고 차트를 그려서 주었다. 눈에 띄는 부분은 '패턴Pattern'을 언급한다는 것이다. **'패턴'은 데이터에서 반복적으로 나타나는 '규칙성'**이다. 시즌성Seasonality이 '특정 시즌'에 나타나는 규칙을 의미한다면 '패턴'은 좀 더 광범위한 의미다.

챗GPT에게 이 '패턴'에 대해 분석해 달라고 요청해 보았다.

 '패턴'에 대해 분석해 줘.

ChatGPT

검색 트렌드 데이터를 분석하여 캠핑, 캠핑용품, 캠핑음식의 패턴을 알아보겠습니다. 월별, 계절별로 검색량의 변화를 분석하여 주기적인 패턴을 도출해 보겠습니다.

먼저 데이터를 월별로 집계하여 각 키워드의 검색량 변화를 살펴보겠습니다.

▲ 검색 패턴 분석 결과

위 그래프는 월별로 '캠핑' '캠핑용품' '캠핑음식'에 대한 평균 검색량을 나타냅니다. 각 키워드의 검색량은 특정 패턴을 보여 주고 있습니다.

분석 결과

1. 캠핑
- **패턴** : 주로 봄과 여름에 검색량이 증가하는 경향이 있습니다. 이는 캠핑 시즌과 맞물려 있습니다.
- **검색량이 높은 시기** : 4월부터 8월 사이

2. 캠핑용품
- **패턴** : 캠핑과 유사하게 봄과 여름에 검색량이 증가합니다. 캠핑 준비를 위해 용품을 검색하는 것으로 보입니다.
- **검색량이 높은 시기** : 4월부터 8월 사이, 특히 5월과 7월에 높은 검색량을 보입니다.

3. 캠핑음식
- **패턴** : 여름에 검색량이 크게 증가하며, 캠핑과 캠핑용품보다 겨울에도 약간의 검색량 증가가 보입니다.
- **검색량이 높은 시기** : 6월부터 8월 사이

요약
세 가지 키워드 모두 여름철(6월에서 8월)에 검색량이 높아지는 경향이 있습니다. 캠핑 및 캠핑용품은 봄철에도 검색량이 증가합니다. 캠핑음식은 주로 여름철에 집중적으로 검색되며, 캠핑과 관련된 활동이 많아지는 시기에 맞춰 검색량이 증가합니다.

캠핑 데이터의 패턴은 시즌성, 즉 계절적 요인이 지배적이라는 결론을 내주었다. 어쩌면 당연한 결과라서 새로울 것은 없지만, 알아서 '일별' 데이터를 '월별' 데이터로 바꾸어 준 것은 아주 신기했다.

특정 시점을 기준으로 비교 분석

다음은 2020년, 즉 검색량이 급증한 시점을 기점으로 데이터 분석을 시도해 보자. **왜냐하면 2020년을 기점으로 전후의 데이터 변화가 너무 극명하기 때문이다.** 전 세계적으로 코로나19가 불어닥친 시기 전후로 소비 태도가 많이 달라졌을 텐데, **두 데이터를 모두 동일한 기준으로 분석하는 건 오히려 데이터에 대한 잘못된 접근 방식일 수 있다.** 챗GPT에게 새로운 요구를 해보자.

2020년을 기점으로 '이전과 달라진 부분'이 있어?

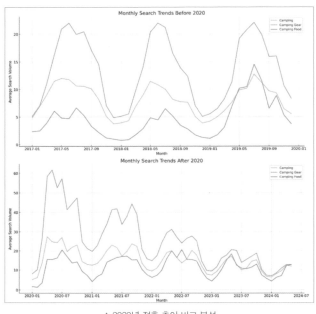

▲ 2020년 전후 추이 비교 분석

챗GPT가 새로운 차트를 그려 주었다. 놀라운 건, 챗GPT에게 원하는 부분을 구체적으로 요구하지 않았음에도 챗GPT가 굉장히 다양한 시도를 하고 있다는 것이다. 그래서 이 책을 따라하다 보면, 아마 필자와 전혀 다른 결과를 접할 것이다. 그게 챗GPT의 놀라운 점 중에 하나다.

챗GPT가 그려 준 차트를 읽어 보면, X축은 월 단위로 동일하고 맨 위 차트가 2020년 이전(Before 2020), 아래 차트가 2020년 이후(After 2020)다. 이 차트는 앞서 2017년 1월 ~ 2024년 5월까지의 차트를 단순히 두 개로 나눈 것에 불과하지만, 이렇게 유사한 구간끼리 데이터를 쪼개 보면, (2020년 급증한 데이터에 가려져) 증감폭이 미미하게 보였던 2017~2019년까지의 과거 데이터를 좀 더 선명하게 볼 수 있다는 장점이 있다.

초보자들의 경우, 데이터 기간을 최대한 길게 늘려서 차트를 그린 후에 '전체적으로 증가세이다, 감소세이다.'는 정도만 읽어 주고 넘어가는 경우가 많은데, **전체 기간**

을 조망한 다음에는 반드시 세부적으로 데이터를 쪼개보며 시기별로 경향성을 읽어 내야 한다. 그래야 여러 작은 경향성이 모여서 전체적인 변화를 어떻게 이끌고 있는지를 파악할 수 있다.

(당연한 얘기겠지만) 본 분석을 통해 '캠핑' 시장은 계절에 따른 영향이 크다는 것을 확인했다. 전체 기간을 기준으로 어떤 계절에 캠핑에 대한 수요가 높아지고 낮아지는지를 보는 것도 중요하지만, 2020년의 코로나19 시기를 기점으로 시즌성의 변화가 있었는지를 보는 것도 아주 중요하다.

예를 들어, **검색이 증가한 계절은 매년 동일한데 해당 시점에 검색량만 많아진 것인지, 혹은 인기 계절에도 변화가 있었는지 등을 점검해야 한다.** 그래야 시장이 전반적으로 어떻게 바뀌고 있는지를 진단할 수 있기 때문이다. 그리고 변화의 정도를 수치로 계산해서 명확하게 전달한다면 더할 나위 없을 것이다.

이러한 맥락을 이해한 상태에서 챗GPT가 내놓은 분석 결과를 들어 보자.

ChatGPT

분석 결과

2020년 이전
- **캠핑** : 2017년부터 2019년까지의 데이터는 봄과 여름에 검색량이 증가하는 경향을 보이며, 특히 5월과 8월에 피크를 기록하고 있습니다.
- **캠핑용품** : 캠핑과 유사한 패턴을 보이며, 4월과 7월에 높은 검색량을 기록합니다.
- **캠핑음식** : 여름철(특히 7월과 8월)에 검색량이 증가하는 경향이 있습니다.

2020년 이후
- **캠핑** : 2020년 이후 데이터는 2019년과 비교하여 더 뚜렷한 피크를 보입니다. 특히 2020년과 2021년에는 검색량이 급증하는 경향을 보입니다.
- **캠핑용품** : 2020년 이후, 2020년 4월과 7월에 검색량이 크게 증가하는 모습을 보입니다. 이는 팬데믹으로 인해 야외 활동에 대한 관심이 증가했음을 반영합니다.
- **캠핑음식** : 2020년 이후에도 여름철에 높은 검색량을 보이며, 특히 2022년 여름에 큰 피크를 기록합니다.

변화된 부분
- **캠핑 및 캠핑용품** : 2020년 이후, 팬데믹의 영향으로 인해 야외 활동과 관련된 검색량이 급증했습니다. 이는 2020년 4월과 7월에 특히 두드러집니다.

- **캠핑음식** : 이전과 비교하여 여름철에 검색량이 더 높아졌으며, 2022년에는 가장 높은 피크를 기록했습니다.

2020년을 기점으로 캠핑 및 관련 용품, 음식에 대한 관심이 증가한 것은 팬데믹으로 인해 사람들이 사회적 거리두기를 실천하면서 야외 활동을 선호하게 된 결과로 보입니다. 추가적인 분석이나 다른 시기와의 비교가 필요하다면 말씀해 주세요.

챗GPT의 해석을 보면 2020년 전후로 검색량이 급증하기는 했지만 시즌성의 차이는 크지 않은 것 같다. 이는 챗GPT가 데이터의 거시적인 흐름을 중심으로 보았기 때문이다. 데이터는 거시적인 흐름을 보는 것도 중요하지만, 거시적인 흐름 다음에는 반드시 미시적인 변화를 짚어내야 한다.

하나의 차트에서 2020년 전후 추이 비교 분석

챗GPT에게 다시 명령을 내렸다.

- '캠핑용품' 하나의 데이터만 활용해서 2020년 이전과 이후를 하나의 차트에서 보여 줘.
- X축의 값은 (연도가 다르니) 월 단위로 기재해 줘.

ChatGPT

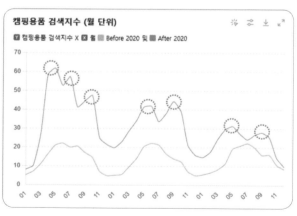

▲ 캠핑용품에 대한 2020년 전후 추이 비교 분석

노란색이 **'Before 2020'**, 주황색이 **'After 2020'**이다. X축의 01, 03, 05, 07, 09, 11은 1월, 3월, 5월, 7월, 9월, 11월을 의미한다. 각각 3개년도씩을 했으니 아마 2017~2019년까지가 Before, 2020~2022까지가 After에 해당할 것이다.

두 데이터를 비교해 보면 어떤 차이가 보이는가. 대체로 등락이 이루어지는 구간은 동일하다. 거시적인 흐름을 보면 비슷해 보인다. 그런데 세부적으로 보면 노란색의 Before 데이터는 완만한 봉우리처럼 보이는데 비해, After는 상당히 삐죽삐죽하다. 이게 무엇을 의미할까?

2020년 이후에는 이전처럼 한 번의 피크Peak를 딱 찍고 내려오는 게 아니라 오름세 구간에서도 몇 번의 세부 등락이 존재한다는 얘기다. 심지어 9월 등의 경우, Before 시기에는 통상 하락 시기였으나 After 시기에는 또 한 번의 증가 시점이 된다.

사람들의 관심이 조금 더 길게 이어진다는 얘기다. 즉, 캠핑을 가는 시기나 기간이 길어졌다는 얘기다. 기존에는 7~8월 여름에만 집중되어 있던 게 봄과 가을까지 확장되었다면, 이 자체만으로도 굉장한 발견이 아닐까?

'캠핑음식' 키워드에 대해서도 같은 데이터 형식으로 그려 보자.

- '캠핑음식' 하나의 데이터만 활용해서 2020년 이전과 이후를 하나의 차트에서 보여 줘.
- X축의 값은 (연도가 다르니) 월 단위로 기재해 줘.

ChatGPT

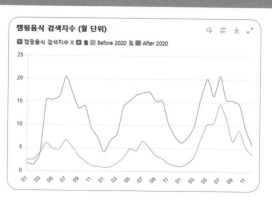

▲ 캠핑음식에 대한 2020년 전후 추이 비교 분석

자, 이건 어떻게 해석될 수 있을까? 안 가르쳐 주지…. 여러분, 독자의 몫이다.

차트를 깊이 있게
해석하는 법

검색하는 사람들을 상상하기

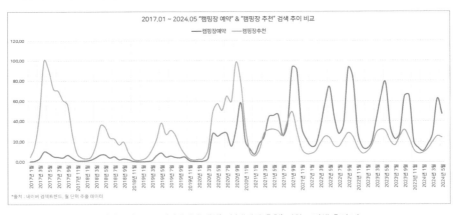

▲ 파워포인트로 그린, '캠핑장 예약' 및 '캠핑장 추천' 키워드 검색 추이 비교

여기 재미있는 차트를 하나 가지고 왔다. **'캠핑장 예약'** 키워드와 **'캠핑장 추천'**이라는 키워드의 검색 추이를 비교한 내용이다. **기간은 2017년 1월부터 2024년 5월까지**이고 월 단위로 비교했다. 이번 장에서는 차트를 조금 더 자세하게 읽는 방법을 설명하기 위해 **챗GPT의 도움을 받지 않고 직접 파워포인트로 그려서 설명할 것**이다.

우선 '캠핑장 예약'과 '캠핑장 추천' 키워드를 검색하는 사람들에 대해 상상해 보자.

두 키워드를 검색하는 사람들은 초보일까, 캠핑 전문가일까? 아마 둘 다 초보일 것 같다. 캠핑에 정통한 사람들은 선호하는 캠핑장을 웹 브라우저의 '즐겨찾기' 메뉴에 저장해 놨거나, 아니면 가입된 커뮤니티 사이트에서 정보를 공유할 가능성이 높을 것 같기 때문이다.

그럼, 초보로 예상되는 두 집단 중에 캠핑에 조금 더 적극적인 집단은 어디일까? 아마 '캠핑장 예약'을 검색하는 집단일 것 같다. 단순히 알아보는 것을 넘어 '예약'에 대한 니즈Needs가 있기 때문이다.

그럼 정리해 보자. '캠핑장 추천' 키워드와 '캠핑장 예약' 키워드를 검색하는 사람들은 대체로 '초보 캠퍼'일 확률이 높고, '캠핑장 추천' 키워드를 검색하는 사람들보다 '캠핑장 예약'을 검색하는 사람들이 더 캠핑에 적극적일 확률이 높다.

이게 사실인지 아닌지는 지금 중요하지 않다. 논리적으로 공감이 간다면 그것으로 됐다. 우리는 지금 데이터를 분석하기 위한 최소한의 배경지식이 필요할 뿐이다.

전체 추이를 구분해 읽기

차트를 읽어 보면, 2019년까지는 '캠핑장 추천' 키워드 검색량이 압도적으로 많았는데, 2020년을 기점으로 두 키워드 모두 검색량이 증가했고, 2021년부터는 '캠핑장 예약' 키워드의 검색량이 '캠핑장 추천' 키워드의 검색량을 상회하며 급격한 차이를 보였다. 그래서 전체 기간을 증감 비교에 따라 구분해 보면 아래처럼 삼등분할 수 있다.

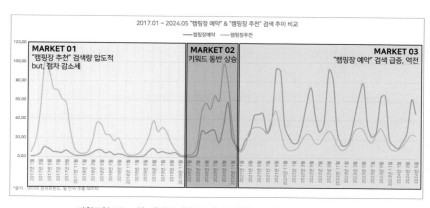

▲ 파워포인트로 그린. 캠핑장 예약 및 캠핑장 추천 검색 추이 기반 시장 구분 결과

시장을 삼등분하고 각각에 대한 정의를 내리면, 거시적인 추이를 한층 더 면밀하게 읽을 수 있다. 거시적으로 시장을 본 다음에는 미시적으로, 세밀하게 시장을 들여다봐야 한다고 했던 것을 기억할 것이다.

예시로 Market 03에 해당하는, 2021년 이후만 잘라서 살펴보자. '캠핑장 예약'과 '캠핑장 추천' 두 키워드의 검색 추이가 대체로 비례한다는 것은 한눈에 알 수 있으니, 다음으로 읽어야 할 것은 **'대체로'가 아닌 '구체적으로' 어떤 차이를 있는지를 살펴보는 것이다.**

2021년 6월부터 2022년 7월까지의 데이터를 잘라서 어떤 점이 다른지 확인해 보자.

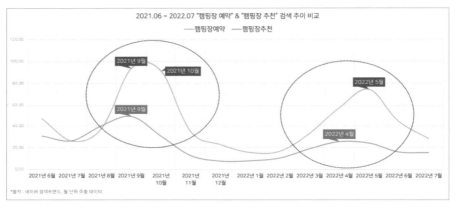

▲ 파워포인트로 그린, 2021년 6월부터 2022년 7월까지의 추이 비교

'캠핑장 추천' 검색량이 최고조(9월과 4월)인 시점과 '캠핑장 예약' 검색량이 최고조(10월과 5월)인 시점에 시기적 차이가 있는 부분이 눈에 띈다. 약 한 달간의 간격을 두고 있는 것이다.

'캠핑장 추천'을 검색하는 사람들과 '캠핑장 예약'을 검색하는 사람들이 동일 인물일 경우, '캠핑장 추천'을 검색하는 사람들이 충분한 정보 탐색을 마친 후 '캠핑장 예약' 검색으로 대거 전환했을 수 있다. 반면, **'캠핑장 추천'을 검색하는 사람들과 '캠핑장 예약'을 검색하는 사람들이 다른 사람들일 경우,** '캠핑장 추천'을 검색하는 사람들의 관심과 '캠핑장 예약'을 검색하는 사람들의 관심은 약 한 달간의 격차를 갖는다는 의미가 된다. 물론 정답은 없다.

화살표 넣기

여기에 또 한 가지 증가세를 살펴보기 위해 '화살표'를 그려 넣었다.

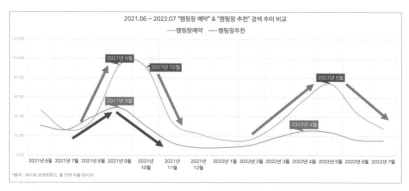

▲ 화살표를 활용한, 2021년 6월부터 2022년 7월까지의 추이 비교

화살표를 활용하면 수요의 증감이 훨씬 더 두드러지게 보일 것이다. '캠핑장 추천' 검색의 기울기와 '캠핑장 예약' 검색의 기울기 차이가 선명하게 보이기 때문이다.

혼합차트 활용

하지만 '캠핑장 추천' 검색량이 '캠핑장 예약' 검색량보다 현저히 적어 증감 비교가 쉽지 않다. 그래서 이런 경우 각 데이터를 상대적으로 비교하기 위해 (Y축이 두 개인) '혼합차트'를 사용한다.

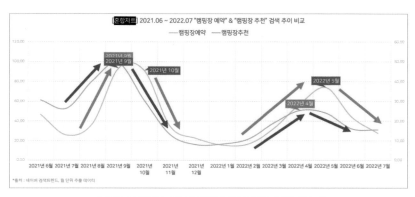

▲ 혼합차트를 활용한, 2021년 6월부터 2022년 7월까지의 추이 비교

왼쪽과 오른쪽에 각각 차트의 최댓값을 기준으로 한 Y축 두 개가 생기면서 '캠핑장 추천' 검색 추이도 '캠칭장 예약' 검색 추이만큼 커졌다. 이제 각 추이의 기울기를 선명하게 비교할 수 있다.

데이터 분석을 한다고 하면 '대단한 분석 기법'을 배워야 할 수 있다고 생각하지만, 그에 앞서 차트 하나라도 세밀하게, 또 다양한 관점에서 볼 줄 아는 능력이 매우 중요하다. 차트 하나만으로도 충분히 여러 가지 내용을 알아낼 수 있기 때문이다. 어느 분야 건 기초가 튼튼해야 한다.

타깃(Target) 분석 :
성별/연령별 비교

성별 데이터 비교 방법

검색트렌드 데이터에서는 전체 데이터 외에도 **성별, 연령별 데이터를 볼 수 있다.** 다만, 02장에서도 얘기했듯이 **남성과 여성을 한 차트에서 비교해 보거나 20대와 30대 등 서로 다른 연령대 데이터를 한 차트에서 비교해 보는 것은 불가능**하다. 그래서 어떤 연령대가 다른 연령대 대비 검색량이 많다거나 하는 내용을 추세 데이터로 읽을 수는 없지만, **집단별 데이터를 개별로 추출한 뒤 한 차트에서 그리면,** 급증 구간이 서로 일치하는지 정도는 비교해 볼 수가 있다.

다음 차트도 **남성과 여성의 데이터를 각각 추출해서 두 개의 파일을 챗GPT에 업로드하고 하나의 차트에 그려 달라고 한** 결과이다.

업로드한 두 개의 엑셀 파일을 하나의 차트에 그려 줘.

ChatGPT

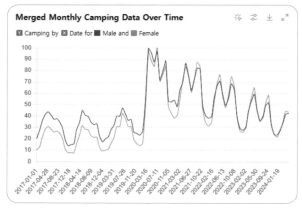

▲ 캠핑 키워드에 대한 성별 검색 추이를 따로 추출해서 합친 결과

이 그래프는 2017년부터 2024년까지의 월별 캠핑 데이터를 성별로 나누어 비교한 것입니다. 파란색 선은 남성 데이터를, 주황색 선은 여성 데이터를 나타냅니다.

앞서 설명했듯이 위 그래프에서 '남성이 여성보다 검색량이 많다.' 등의 얘기는 할 수 없다. 해당 차트는 남성과 여성의 증감 시기가 유사한지를 보기 위해 그런 내용이다. 살펴보면, 두 집단의 검색 추이가 약간의 차이는 있지만 콕 짚어 낼 정도는 아니다. 그래서, '대체로 성별 차이는 비슷하다.'는 정도로 읽으면 될 듯하다.

성별 X 연령별 데이터 비교 방법

성별 증감 차이가 크지 않다는 것을 확인했으니 추가로 조건을 하나 부여해 보자.

20대부터 50대까지를 기준으로 잡고 연령을 10세 단위로 쪼개면 20대, 30대, 40대, 50대 등 4개 집단이 나오는데, 여기에 남성과 여성의 성별을 교차시켜서 총 8개 집단을 만들어 비교하는 것이다. (4×2=8)

네이버 데이터랩 사이트를 통해 여성 20대, 여성 30대 등으로 검색 조건을 선택한 뒤, 총 8개의 엑셀 파일을 다운로드해서 챗GPT에게 분석을 요청했다.

참고로, 데이터랩 사이트에서 아래와 같이 원하는 조건을 클릭해서 다운로드하면 된다.

▲ 네이버 데이터랩 성별. 연령별 선택 화면

- 업로드한 8개의 엑셀 파일을 하나의 차트에 그려 줘.
- 각 집단을 'M20'(20대 남자), 'F40'(40대 여자) 등으로 바꿔 줘.
- 남성은 붉은색 계열로, 여성은 파란색 계열로 바꿔 줘 등

ChatGPT

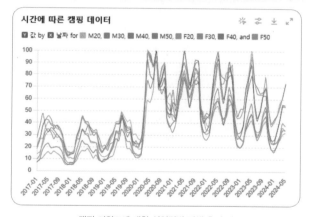

▲ 캠핑 키워드에 대한 성연령별 검색 추이 비교

이 그래프는 2017년부터 2024년까지의 월별 캠핑 데이터를 성별과 연령대별로 나누어 비교한 것입니다. 색깔별로 연령대와 성별을 구분하여 M20, M30, M40, M50, F20, F30, F40, F50의 데이터를 시각화하였습니다.

차트 결과를 보니 어떤가? '읽을거리'가 좀 있어 보이는가? 이 차트를 본 대부분의 초보자들은 아마 **'캠핑을 검색하는데 있어 성연령별 차이는 거의 없다.'**는 결론을 내놓을 것이다. 겹쳐진 선들의 추세가 대체로 비슷하기 때문이다.

물론 유독 튀는 성연령대는 없는 것 같다. **하지만 미세한 차이가 있다.** 챗GPT의 생각을 들어 보자.

챗GPT의 해석, 잘 가르친 1년차 수준

차트를 해석해 봐.

ChatGPT

그래프를 해석해 보면 다음과 같은 관찰을 할 수 있습니다 :

1. **전반적인 추세** : 대부분의 연령대와 성별 그룹에서 캠핑 데이터가 시간에 따라 변동하는 것을 볼 수 있습니다. 이는 계절적 변화나 특정 이벤트에 의해 캠핑 참여가 영향을 받았을 가능성을 시사합니다.

2. **20대 남성(M20)과 여성(F20)** : 이 두 그룹은 초기부터 비교적 낮은 캠핑 참여율을 보이다가 시간이 지남에 따라 약간의 증가와 감소를 반복하는 경향을 보입니다. 이는 젊은 연령층이 캠핑에 덜 참여하거나 다른 여가 활동을 선호할 수 있음을 나타냅니다.

3. **30대 남성(M30)과 여성(F30)** : 30대 남성과 여성의 캠핑 참여는 다른 연령대에 비해 상대적으로 높은 편입니다. 특히 2017년 초반부터 꾸준한 증가세를 보이다가 중반부터 약간의 감소를 보입니다. 이는 30대가 캠핑을 적극적으로 즐기다가 일정 시점 이후 다른 활동으로 전환할 수 있음을 의미합니다.

4. **40대 남성(M40)과 여성(F40)** : 이 연령대는 캠핑 참여가 가장 활발한 그룹 중 하나입니다. 특히 2017년 중반에 급격한 증가세를 보이며, 이는 40대가 가족 단위로 캠핑을 즐기거나 여가 활동으로 캠핑을 선택하는 경향이 있음을 시사합니다.

5. **50대 남성(M50)과 여성(F50)** : 50대는 초기에는 상대적으로 높은 캠핑 참여를 보이나, 시간이 지나면서 변동이 있습니다. 특히 남성의 경우 2017년 초반부터 증가세를 보이다가 중반 이후로는 안정적인 수준을 유지합니다. 이는 50대가 초기에는 적극적으로 캠핑을 즐기다가 이후에는 안정적인 패턴을 보이는 것으로 해석할 수 있습니다.

6. **계절적 변화** : 모든 연령대와 성별 그룹에서 봄과 여름 시즌(대략 3월부터 8월)에 캠핑 참여가 증가하는 경향이 있습니다. 이는 따뜻한 날씨와 휴가 시즌이 캠핑 참여에 긍정적인 영향을 미친다는 것을 보여 줍니다.

챗GPT의 대답이 아주 훌륭하다. 누군가 이렇게 데이터를 읽어 줬다면 80점 정도 주고 싶다. 훌륭하다고 평가한 이유는 다음과 같다.

- '전반적인 추세'를 먼저 설명한 뒤 세부적인 '연령별 차이'로 좁혀가며 설명했다.
- 마지막 6번에 '계절적 변화'라는 다소 애매한(?) 문구가 들어가기는 했지만, **전체 내용을 한 번 더 요약하고 데이터에서는 읽을 수 없는 '해석'을 곁들였다.**

  "모든 연령대와 성별 그룹에서 봄과 여름 시즌에 캠핑 참여가 증가하는 경향이 있다."라는 건 데이터에서 충분히 읽을 수 있는 내용이지만, **"이는 따뜻한 날씨와 휴가 시즌이 캠핑 참여에 긍정적인 영향을 미친다는 것을 보여 준다."**는 건 자기만의 해석, 즉 견해가 들어간 내용이다.

  물론 데이터에서 읽는 내용이나 해석 모두 뻔한 얘기로 느껴져서 아쉬움은 있지만 구성 자체는 매우 훌륭하다.

- 연령별 차이를 읽는 내용에서도, (30대 남성과 여성의 경우) "2017년 초반부터 꾸준한 증가세를 보이다가 중반부터 약간의 감소를 보인다."는 현상과 **"이는 30대가 캠핑을 적극적으로 즐기다가 일정 시점 이후 다른 활동으로 전환할 수 있음을 의미한다."**라는 해석을 덧붙였다.

  이러한 구성은 20대와 40대, 50대 등 다른 연령대에서도 모두 마찬가지다.

- **문장이 전반적으로 간결하다.** 어려운 용어를 무분별하게 사용하지도 않고 대중적인 언어로 누구나 잘 이해하기 쉽게 설명했다. 그리고 문장이 길지도 않다. 적절한 게 가장 어렵다.
- 이 정도되면 '잘 가르친 1년차' 정도 된다고 봐도 무방할 것 같다.

겹친 데이터의 차트 시각화 방법 ①

차트를 읽어 주는 것도, 해석하는 것도 좋은데 일단 차트가 눈에 잘 보여야 한다. 챗GPT야 차트를 보지 않고 데이터를 보면서 얘기해 준 것이겠지만, 우리가 누군가에게 전달할 때는 차트를 보면서 함께 이야기하는 경우가 많기 때문에 이야기하는 사람도, 듣는 사람도 직관적으로 차트에서 느껴지는 바가 있어야 한다.

그래서 차트의 디자인을 조금 바꿔 보려고 한다.

- 남성을 '검은색' 계열로, 여성을 '붉은색' 계열로 바꿔 줘.
- 연령이 낮을수록 흐리게 표현해 줘.

ChatGPT

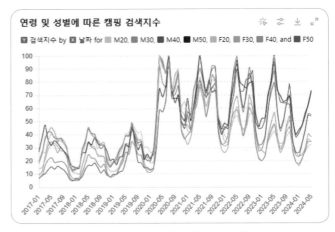

▲ 캠핑 키워드에 대한 성연령별 검색 추이 비교 색상 조정 결과

여전히 차트가 서로 겹쳐 있는 구간이 많아서 눈에 확 들어오지는 않지만, 적어도 검은색 계열(남성)과 붉은색 계열(여성)의 차이는 가늠해 볼 수 있게 되었다.

즉, 2020년 이전에는 전반적으로 남성의 검색 추이가 확연히 높았는데 (검색량이 더 많다는 의미가 아니다.) **2020년 이후에는 비등하게 보인다. 무슨 얘기일까? 2020년 들어서면서 여성의 증가율이 남성 대비 더 커졌다는 얘기다.**

겹친 데이터의 차트 시각화 방법 ②

그래도 여전히 데이터를 세밀하게 읽기에 부족해 보인다. 이번에는 챗GPT에게 구체적인 명령을 내리지 않고 8개의 집단이 시각적으로 비교가 될 수 있는 방안을 추가로 요청했다.

- 8개 집단의 차이를 조금 더 선명하게 보기 위해서는 어떻게 차트를 그리는 게 나을까?
- 남성과 여성 모두 20대와 30대의 선을 점선으로 바꿔 줘.

ChatGPT

여덟 개의 집단 간 차이를 더 명확하게 시각화하기 위해 몇 가지 방법을 고려할 수 있습니다 :

1. **개별 차트로 분리** : 각 성별과 연령 그룹을 개별 차트로 분리하여 한눈에 비교할 수 있게 합니다. 이를 통해 각 집단의 변화를 독립적으로 확인할 수 있습니다.

2. **범례 위치 변경** : 범례를 그래프 외부로 이동하여 데이터 영역을 최대화합니다.

3. **눈금 표시 조정** : 눈금 및 눈금 라인을 추가하여 각 데이터 포인트를 더 명확하게 비교할 수 있게 합니다.

4. **색상 대비 증가** : 색상 대비를 더욱 명확하게 하여 각 집단을 쉽게 구별할 수 있게 합니다.

5. **꺾은선형 차트 대신 다른 유형의 차트 사용** : 예를 들어, 막대 차트나 영역 차트를 사용하면 다른 시각적 인사이트를 제공할 수 있습니다.

이제 개별 차트로 분리하여 그려 보겠습니다.

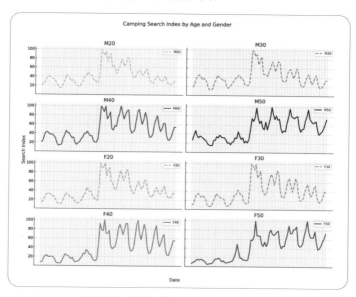

▲ 캠핑 키워드에 대한 성연령별 검색 추이 개별 분리 결과

참고로, 남성과 여성 모두 **2030을 점선으로 표현**해 달라고 한 건, 색상에 변화를 주는 것 외에도 시각적으로 더 선명하게 구분하기 위한 장치 차원이었다.

어쨌든 챗GPT는 8개의 차트를 분리하는 가장 쉬운 방법을 선택했다. 그럼 처음부터 차트를 8개로 분리했으면 되지 않았냐고 반문할 수도 있겠지만, 아니다. **이 차트가 더 선명해 보이는 건 앞서 겹친 차트를 봤기 때문이다.** 우리의 분석 결과를 보는 사람들도 그렇다. 감동이라는 게 다 흐름이 있어야 하는 것이다.

상대적 성연령 비중 확인하기

8개 집단의 개별 추세까지 확인했으니 어떤 집단이 상대적으로 검색량이 높은지 '검색광고' 사이트로 돌아가서 확인해 보자. '도구 〉 키워드 도구'로 들어가서 조회 창에 '캠핑'을 입력하고, (아래와 같이 도출된) 연관키워드 조회 결과 창에서 맨 위 '캠핑' 키워드를 클릭하면 된다.

		연관키워드 ⑦	⬍	월간검색수 ⑦	
				PC ⬍	모바일 ⬍
추가	캠핑			14,700	56,600
추가	캠핑용품			15,800	64,300
추가	캠핑음식			15,600	62,500

연관키워드 조회 결과 (1000개)

전체추가

▲ 네이버 검색 광고 사이트 조회 결과

그럼 다음과 같이 '캠핑' 키워드에 대한 **'월별 검색수 추이 데이터(위)'**와 **'월간 검색수 사용자 통계 데이터(아래)'**가 나오는데, 이 중 아래에 있는 **'월간 검색수 사용자 통계 데이터'**를 확인해 보면 된다.

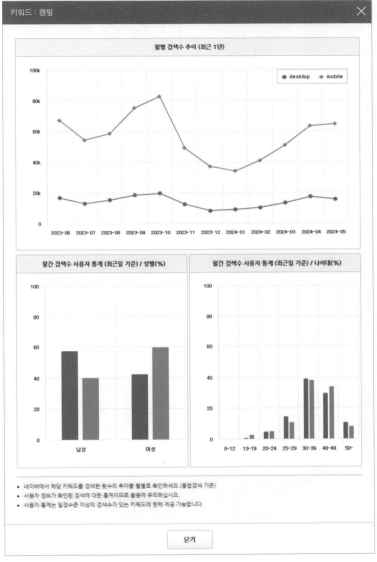

▲ '캠핑' 키워드에 대한 '월간 검색수 사용자 통계 데이터' 등 조회 화면

'**월간 검색수 사용자 통계 데이터**'는 비록 '최근일' 기준이지만, 이 화면을 통해 성별, 연령별 비중이 어떻게 되는지 대략적으로 확인할 수 있다. 즉, 성별 비중으로 예로 들면, **Desktop(파란색)** 기준으로는 남성이 여성보다 높고, **Mobile(초록색)** 기준으로는 여성

이 남성보다 높다. 참 희한한 시장이다. 왜 차이가 날까? 잠깐 책 읽기를 멈추고 스스로 '해석'해 보자. 소설을 써도 좋다.

혹시 기대했다면, 정답을 알려 주지는 않을 것이다. 정답이라는 게 애초에 없기도 하거니와, 이제부터는 스스로 생각해 보는 노력을 조금씩 해봐야 한다.

성연령별 분석 내용 비교 정리

팝업 화면에서 특정 부분에 마우스 커서를 올리면 해당하는 데이터 값(비중 등)을 볼 수 있는데, 이 결과와 앞서 데이터랩 사이트에서 추출한 성/연령별 추이 등을 종합해 하나의 표로 정리해 보면 아래와 같다.

성별	[데이터랩 사이트] 2020년 이후 추세	[검색광고] 모바일 기준, 성별 비중	[검색광고] 모바일 기준, 연령별 비중
20대 남자	급증 후 급격히 하락		16.3%
30대 남자	급증 후 서서히 하락		38.3%
40대 남자	급증 후 비교적 일정	40.1%	34.0%
50대 남자	급증 후 상당히 일정		8.5%
20대 여자	급증 후 서서히 하락		16.3%
30대 여자	급증 후 서서히 하락		38.3%
40대 여자	급증 후 비교적 일정	59.1%	34.0%
50대 여자	꾸준히 상승		8.5%

▲ 성연령별 주요 지표 색상 추가 결과

표에서 **'연령별 비중'**은 검색광고 화면에서 남성과 여성의 연령별 비중이 구분되지 않기 때문에, 남성과 여성 모두에 동일한 수치를 넣었다. 그래서 정확하지는 않다. 하지만, 언제나 데이터는 완벽하지 않다. 데이터를 쪼개 볼 수 있는 한도 내에서 최대한의 변수들을 모아 해석과 의사결정을 해야 한다.

또, 표에 색을 칠했는데 **'하락'**이거나 **'적다'**고 느껴지는 부분은 주황색을 칠했고, **'일정'**

또는 '상승'이라는 키워드가 포함되면 파란색을 칠했다. 성별 비중은 모바일 검색 기준 남성이 40%, 여성이 60% 정도이나 특별히 색을 칠하지는 않았다. 두 집단 모두 높은 수준이기 때문이다.

당신이 캠핑용품 브랜드의 데이터 분석가, 혹은 마케터라고 했을 때, 이 한정된 정보만으로 8개 집단 중 타깃을 골라야 한다면, 어떤 집단을 선택하겠는가? 그 이유는 무엇인가?

흔히 '타깃Target'을 정의할 때, 무작정 "2030이요!" "MZ세대요!" 하는 말은, 실컷 데이터를 분석해 놓고 힘 빠지는 소리다. 타깃은 복합적인 기준에 따라 정의되어야 한다.

정리 **타깃을 정의하는 기준**

- 단기적인 전략을 위한 타깃인가, 장기적인 전략을 위한 타깃인가?
- 기존의 우리 고객과 비슷한 성향, 라이프스타일의 고객군인가, 전혀 다른 고객군인가?
- 전체 시장에서 규모가 어느 정도 되는가? 시장성이 있는가? 등등

최종 타깃을 정의할 때는, 성별이나 연령도 물론 중요하지만, 해당 타깃의 소비성향이나 라이프스타일 등 정성적인 면까지 함께 고려되어 정의되어야 한다. 무작정 2030이나 MZ세대 등으로 정의하는 건 데이터에 기반한 타깃 정의가 전혀 아니다.

결과적으로, 앞 표 등을 통해 타깃을 정할 때도 단순히 어느 집단의 규모가 큰가, 어느 집단이 성장하는가 등의 단편적인 이유를 넘어 종합적인 판단이 필요하기에 **목적과 집행할 수 있는 수단, 예산에 따라 각각 다르게 정의될 수 있다.** 다만, 데이터 분석가라면 나름의 근거가 뒷받침되어야 한다.

데이터를 '해석'한다는 것의 의미

데이터 '해석'이란?

데이터를 설명할 때, 다음 두 가지 접근 방식이 있다 :

보이는 그대로를 읽는 것과 자신만의 '해석解釋' * **을 덧붙여 설명하는 것이다.** 해석의 사전적 의미를 보면 "문장이나 사물 따위로 표현된 내용을 이해하고 설명함. 또는 그 내용"이라고 한다. '표현된 내용'과 그것을 '이해하고 설명'하는 것은 다르다는 것이다.

새로운 용어가 나오면 늘 그랬듯, 이 단어의 의미도 곱씹어 보자. 해석 의 '해解'는 '풀다' '벗다' '깨닫다' '설명하다' 등의 의미를 갖는다. '석釋' 역시 유사하게 '풀다' '깨닫다' '설명하다' 등의 의미가 있다. 두 글자 모두 의미는 유사하지만, 한자가 구성된 원리를 보면 차이가 있다.

'해解'는 '소의 뿔을 칼로 잘라내는 모습'을 표현한 것으로 의미는 '해체'에 가깝다. 반면 '석釋'은 '분별하다'는 뜻을 가진 한자와 '엿보다'는 뜻을 가진 한자가 합쳐진 것인데, 여기서 '분별하다'는 뜻을 가진 한자 '변釆, 분별할 변'이 동물의 발바닥을 본떠 만들어졌다고 한다. 그래서 '석釋'이라는 글자에는 '사냥꾼들이 땅 위에 찍힌 동물의 발자국을 보고 어떤 동물인지 알아낼 수 있는 것'이라는 의미가 담겨 있다고 한다.

*   출처 : 네이버 사전(https://dict.naver.com)

빗대어 설명해 보면, 데이터가 보여 주는 그대로를 '읽는 것'은 동물의 발자국을 보고 발의 크기가 크다느니, 발가락이 길다느니, 발톱이 있다느니 등을 얘기해 주는 것과 같다. 그런데 그건 옆에 다른 사냥꾼들도 함께 보고 있지 않은가. 우리는 이 동물이 어떤 동물일 것 같다, 발자국이 아직 선명한 걸 보니 동물이 지나간 지 얼마 되지 않은 것으로 보인다, 조심하자 등의 이야기를 해 줘야 한다. 우리는 데이터꾼이다.

데이터 해석이 어려운 이유 ① : 해 본 적이 없어서

데이터를 단순히 읽지만 말고 자신만의 견해, 해석을 덧붙여 보라고 하면 많은 분들이 망설인다. 정말 신기하게도 단 한 발자국도 나가지 못하는 분들이 대다수다. 왜 그럴까 생각해 보니 크게 두 가지다.

첫 번째는, 그래 본 적이 없기 때문이다. 한 번도 보이지 않는 부분에 대해 얘기해 본 적이 없기 때문이다. 보이지 않는 부분을 이야기한다는 건, 우선 배경지식이 없기 때문이다. 비슷한 분석을 해 봤거나, 비슷한 문서를 봤던 적이 없다.

그래, 그 부분은 이해한다. 그래서 추가 주문을 한다. "차라리 소설이라도 써 보세요!" 그런데 이런 주문에도 쉽게 글을 쓰지 못한다. 이건 배경지식이 없기 때문이 아니라 해 본 적이 없기 때문이다. 그런데 무엇을 해 본 적이 없을까? 글을 써 본 적? 아니다. 생각을 그 방향으로 해 본 적이 없기 때문이다.

글과 말은 결국 생각에서 나온다. 그러니까 보이지 않는 부분에 대해 상상해 본 적이 없기 때문이다. 중고등학교 때 국어나 영어 시험을 보면 늘 이런 문제가 나온다. '작가의 의도를 파악하라.' 필자가 가장 싫어했던 문제다. '아니 왜 굳이 남의 의도까지 파악하면서 살아야 하지…'라고 했지만, 난 그 어느 때보다 지금 남의 의도를 파악하면서 살고 있다. 아이러니다.

작가의 의도를 파악하기 위해서 가장 먼저 무엇을 하는가? 시대적 배경에 대해 알아야 한다. 작가의 라이프스타일, 즉 생애生涯에 대해 알아야 한다. 그리고 글 자체에서 보이는 문체나 단어의 쓰임 등을 알아야 한다. 마지막으로 자신이 느끼는, 나만의 '느낌적인 느낌', 개인적인 의견이 들어가야 한다. 나의 의견에는 나의 시대와 나의 경험과 나의 라이프스타일과 나의 단어들이 모두 포함되어 있다.

우리는 이걸 견해見解라고 부른다. '어떤 사물이나 현상에 대한 자기의 의견이나 생각'이다.

데이터 해석이 어려운 이유 ② : 두려워서

두 번째 이유는, 보이지 않는 부분에 대해서 이야기하는 것에 두려움을 느끼기 때문이다. 이게 맞나? 내가 너무 나간 거 아닌가? 아무도 그렇게 생각하지 않으면 어떻게 하지? 혹시 누군가 나의 생각을 비웃지는 않을까? 맞다. 그럴 수도 있고 아닐 수도 있다. 그런데 내 경험상 아닐 확률이 더 높다.

그리고 보이는 부분만 얘기해 주는 분석가는 인정을 받지 못한다. 분석가마다 당연히 해석하는 방향이 다르다. 모두 같은 해석을 하면 데이터 분석 산업은 이렇게 크지 못했을 것이다. 모두 다 다른 해석을 해야 듣는 사람의 생각이 넓어진다.

더욱이 분석 결과를 듣기 위해 모인 사람들은 수치가 올랐는지, 내렸는지를 들으려는 생각이 애초에 없다. 그들은 전문가로서의 의견을 듣고 싶은 것이다. 그 누구도 당신의 생각이 틀렸다고 비난하지 않는다. 결과를 맞추지 못했다고 비난하는 건 주식 차트 정도에서나 일어나는 일이다.

데이터 해석은 코에 걸면 코걸이?

어떤 분들은 간혹, 데이터에 보이지 않는 부분을 덧붙여 이야기하는 것을 두고, '그저 개인적인 생각이지 않냐' '코에 걸면 코걸이, 귀에 걸면 귀걸이' 아니냐고 오해하는데, 해석은 단순히 '이럴 것이다, 내 생각은 이렇다.' 등의 막연한 추측으로 점철되는 것이 아니다.

연구자의 숱한 경험을 통해 갖춰진 ① 과학적 분석 역량과 ② 산업에 대한 배경 지식, ③ 트렌드를 읽을 줄 아는 식견, 실제 많은 전략적 판단을 통한 ④ 시행착오 등이 종합된 결과이다. 그러니 개인적인 생각이라 하더라도 그 개인이 가진 역량에 기인하는 것이며, 코에 걸지, 귀에 걸지 판단하는 것만으로도 충분히 대우받을 만한 능력이 기반에 깔려 있다는 것을 이해해 주었으면 좋겠다.

다만, 해석이 합리적인 주장이나 의견으로 받아들여지려면 상식적으로 납득할만한 스토리가 있어야 한다. '이런 일련의 현상들을 봤을 때, 또 지금의 시대 흐름을 봤을 때, **이런 문화가 있는 부분을 감안해 보니, 실제로 제 주변에도 이런 분들이** 많아서' 등의 이야기가 붙어야 하고 전부는 아니더라도 일부 공감을 얻어 내는 이야기여야 한다. 사냥꾼이 동물 발자국을 보고, (누가 봐도 동물 발자국인데) '이건 사람이 네 발로 기어간 거다!'라고 하면 되겠는가?

통계적 분석 기법에
대한 이해

통계적 분석 기법

이제 본격적으로 '통계적 분석 기법'을 다룰 차례다. 이 기법들을 이해하려면 몇 가지 낯선 용어와 개념에 대한 학습이 필요한데, 아마 이 책을 포기하고 싶은 첫 번째 이유가 될지도 모르겠다. 하지만 넘어가야 한다.

이 책에 소개된 분석 기법들의 개념이나 활용성은, 실제로 배워야 할 방대한 지식에 비하면 극히 일부분에 불과하다. 따라서 서술한 내용들은 본격적인 공부에 앞서 맛보기일 뿐이다. 그러니 당장 이해가 안 된다고 낙담하지도, 또 충분히 이해했다고 생각하여 쉽게 여기지도 않아야 한다. 어쨌든 추가 공부는 필요하다.

필자도 데이터를 분석한지 20년 가까이 되었고 취업과 동시에 다양한 분석 기법들을 접했지만, 여전히 통계가 어렵고 조심스럽다. 다행히 주변에는 통계 전문가인 동료가 있어서 그에게 아주 세세한 것까지 물어보며 끊임없이 배우는 중이지만, 그럼에도 빈번하게 지적을 받아야 할 일이 생긴다. 지금도 어떻게든 이 개념을 쉽게 설명하기 위해, 그에게 감수를 부탁하며 쓰고 지우고 고치고를 반복하는 중이다.

통계 분석 기법을 많이 아는 것과 데이터 분석을 잘 하는 것이 반드시 비례한다고 볼 수는 없지만, **통계 분석 기법을 깊게 공부하는 것은 데이터 분석을 잘 하기 위한 필수 조건**일 수밖에 없다.

책에서 다룰 4가지 분석 기법

이 책에서는 데이터 분석에 활용되는 수많은 기법 중 '상관 분석'과 '변수선택법' '회귀 분석' '아리마ARIMA 분석' 등 4가지를 뽑았다. 책이나 강의에 단골로 등장하는 이들은 분석가의 의도나 목적에 따라 쓰임새가 다른 경우도 있지만, 여기에서는 '미래 데이터 예측 과정'의 일환으로 한정해서 설명할 것이다.

필자는 이들 각각을 깊이 있게 다루는 대신 상관 분석부터 변수선택법, 회귀 분석 까지를 하나의 과정으로 묶어서 **단계별로 접근하도록 구성**했다. 하나의 데이터를 활용해서 각 단계별로 어떻게 분석이 되는지 설명할 것이다. **'상관 분석'을 통해 데이터 구조를 검토하고, '변수선택법'을 통해 회귀 분석에 활용될 변수들을 선정하며, 마지막으로 회귀 분석을 통해 미래 데이터를 예측**해 보는 방식이다.

따라서 여러분이 가장 기억해야 할 통계 분석 기법은 결국, '회귀 분석'이다. 통계 분야에서 회귀 분석은 '데이터 분석의 꽃'이라고 불린다. 회귀 분석은 일반적인 예측을 위해 활용되기도 하지만, 최근에는 머신러닝 등 인공지능 분야에서 중요하게 활용되는 개념이라 가치가 더 높아진 듯하다.

회귀 분석 다음 장에 나오는 '아리마 분석'은 회귀 분석과 함께 많이 사용되는 '예측 방법론'이지만, 회귀 분석과는 사용 목적이나 개념 상의 차이가 있어서 참고로 담아 두었다. 분량은 많지 않으나 놓치기에는 아쉬웠다. '이런 분석이 있다.' 정도로만, 혹은 '챗GPT를 통해 이런 분석이 가능하다.' 정도로만 알아 주었으면 좋겠다.

요약 **주요 분석 기법 설명**

- **상관 분석** : 두 변수간의 선형 관계의 정도와 방향을 측정하는 통계적 방법
- **변수선택법** : 회귀 모델에서 중요한 변수만을 선택하기 위해 사용하는 방법론
- **회귀 분석** : 종속변수와 한 개 이상의 독립변수 간의 관계를 모델링하는 통계 기법
- **아리마(ARIMA) 분석** : 시계열 데이터를 기반으로 미래 값을 예측하기 위한 자기회귀 이동 평균 통합 모델

독립변수와 종속변수에 대한 이해

이 4가지 분석 기법을 학습하기 전에 반드시 이해해야 하는 개념과 용어가 있다.

'독립변수'와 '종속변수', 이 두 단어(용어)를 확실하게 내 것으로 만들어야 한다.

아주 쉽다. '독립변수'는 종속변수에 영향을 미치는 변수이고, 반대로 '종속변수'는 독립변수의 영향을 받는 변수이다. '미분은 적분을 거꾸로 한 것이고, 적분은 미분을 거꾸로 한 것'이라는 말을 들었을 때처럼 황당한가? 화내지 말자. 예를 들어 설명하면 아주 쉽게 이해가 될 것이다.

독립변수와 종속변수 설명 예시

만약 당신이 '스타벅스'라는 회사에서 데이터 분석가로 일한다고 가정해 보자.

어느 날 팀장이 회의를 소집했다. "최근 회사 매출이 떨어졌으니 각자 원인을 찾아 보고하세요!"

당신은 사람들이 얼마나 스타벅스에 가고 싶다는 생각을 하는지, 또 그렇게 생각하는 이유는 무엇인지 등을 측정하면 원인을 찾을 수 있을 것이라고 생각했고, 데이터베이스에 쌓인 데이터들을 분석하기 시작했다. 스타벅스에 가고 싶은 이유에 대한 소비자들의 응답들을 분류해 보니 크게 **맛, 가격, 접근성, 이미지, 사은품(굿즈)** 등 다섯 가지로 정리되었다.

여기서 다섯 가지 이유들이 **독립변수**이고, '스타벅스에 가고 싶다'는 응답은 **종속변수**이다.

'독립獨立, Independent 변수'는 개별 변수라는 의미이고, '종속從屬, Dependent 변수'는 독립변수에 속해 있다, 독립변수에 영향을 받는다는 의미다. 참고로 '종從'은 '쫓아가다, 따라간다'의 의미이고, '속屬'은 '속한다'는 의미라서 합치면 '소속되어서 따라간다'는 의미가 된다.

편의상 종속변수를 '결과', 독립변수를 '원인'으로 설명하는 경우도 있는데, 이 둘의 관계가 인과관계라기보다는 '각자가 얼마나 영향을 미치는지'를 측정하는 것이어서

차이가 있다. 어쨌든 우리가 최종적으로 알고 싶은 내용은 종속변수에 해당하고 독립
변수는 영향을 미치는 변수들에 해당한다.

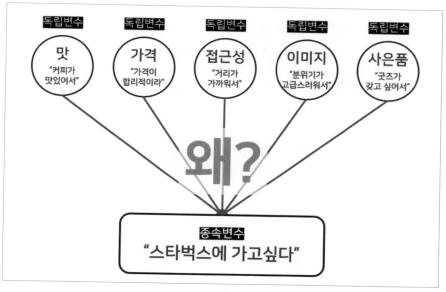

▲ 독립변수와 종속변수 관계 예시

이렇게 다섯 가지 **독립변수들이 종속변수에 각각 얼만큼 영향을 미치는지 측정하는 게 회
귀 분석**이다. 그리고 그에 앞서 **독립변수들이 적절하게 뽑혔는지 판단하는 과정이 상관 분
석과 변수선택법**이다. 개념은 어느 정도 익혔으니 이제 본격적으로 심화 분석에 들어
가 보자.

심화 분석 ① :
상관 분석(Correlation Analysis)

상관 분석 개념 정리

상관 분석은 **'변수 간 상관성'이 어느 정도인지를 판별하는 과정**이다. 그런데 여기서 말하는 '변수 간'은 (종속변수가 아닌) **'독립변수 간' 상관성을 판별**한다는 것이 중요하다. 예를 들면, 맛과 가격, 맛과 접근성, 맛과 이미지, 맛과 사은품 등 독립변수들끼리 1:1로 분석을 진행하는 것이다.

상관성을 판별한다고 해서 '상관성이 높으면 좋다'거나 '상관성이 낮은 항목들을 제외한다'는 규칙은 없다. **상관성이 낮더라도 종속변수에 미치는 영향은 클 수도 있기 때문**이다. 따라서 여기서의 상관 분석은 독립변수들을 서로 비교함으로써 데이터가 가진 특성을 이해하는 참고 자료 정도라고 이해해도 좋다.

설명이 길어질수록 더 헷갈리니 실제 데이터를 분석하면서 감을 잡아 보자.

심화 분석용 데이터 세트 정의

아래와 같은 기준으로 심화 분석에 활용할 데이터 세트를 만들어 보자.

정리 **심화 분석 ①～④단계까지 활용될 기초 데이터 세트(Data Set)**

본 절의 상관 분석부터 12절의 아리마 분석까지 공통적으로 적용하기 위해 데이터 세트Data Set
를 하나 준비했다. 캠핑, 캠핑음식, 캠핑요리, 캠핑밀키트, 캠핑용품, 캠핑장예약, 오토캠핑
장, 글램핑장, 차박텐트 등 9가지 키워드에 대한 월별 검색 추이로, 기간은 2016년 1월부터 2024
년 6월까지다.

이 데이터 세트는 네이버 데이터랩 사이트에서 5개씩 검색어를 넣고 2회에 걸쳐 추출한 뒤
하나의 엑셀 파일로 합치면 되는데, 데이터 규모를 맞추기 위해 9개의 검색어 중 검색량이
가장 많은 '캠핑용품' 검색어를 2회 모두에 포함해서 추출해야 한다. 아래 추출 방식을 참고
해 보자.

- **첫 번째 추출 키워드 5개**: 캠핑용품, 캠핑, 캠핑음식, 캠핑요리, 캠핑밀키트
- **두 번째 추출 키워드 5개**: 캠핑용품, 캠핑장예약, 오토캠핑장, 글램핑장, 차박텐트

	A	B	C	D	E	F	G	H	I	J
1	날짜	캠핑	캠핑음식	캠핑요리	캠핑밀키트	캠핑용품	캠핑장예약	오토캠핑장	글램핑장	차박텐트
2	2016-01-01	9.06525	1.54992	4.74766	0	8.95798	0.11512	2.38549	0.67175	0.45341
3	2016-02-01	10.05956	1.6435	4.93101	0	9.81409	0.14834	2.91397	0.64512	0.59897
4	2016-03-01	16.67338	2.80315	10.60021	0	14.95051	0.32484	6.33182	0.86321	0.9649
5	2016-04-01	21.00364	5.01596	17.10854	0	23.51822	0.83404	12.82012	1.46497	1.09473
6	2016-05-01	24.10832	7.72199	29.73593	0	37.45007	1.73149	21.541	2.5559	1.1845
7	2016-06-01	24.1357	8.23627	28.79081	0	38.99391	1.11679	22.12298	2.97534	4.02874
8	2016-07-01	22.78941	11.37594	50.13833	0	39.919	0.94283	26.07768	3.21168	3.46679
9	2016-08-01	34.5115	10.28855	31.20979	0	34.37304	0.79905	16.34879	2.22599	2.73392
10	2016-09-01	22.76481	5.41333	20.12471	0	21.44742	1.18273	13.12392	1.77232	1.42465

▲ 심화분석을 위한 데이터 세트

참고로, 다수의 연관어 중 9가지 키워드를 선택한 기준은 이렇다.

- 네이버 검색광고 사이트의 '캠핑' 연관키워드 중 비교적 상위에 위치해 있고
최근 한 달 기준 정보량이 일정 수준 이상인 키워드를 선택
- 키워드명을 기준으로 캠핑과 직접적인 연관이 높은 키워드를 선택

9가지 키워드를 차트로 그려 보면 아래와 같다.

- 업로드한 파일을 차트로 그려 줘.
- '캠핑' 키워드 추이는 검은색으로 그려 줘.

ChatGPT

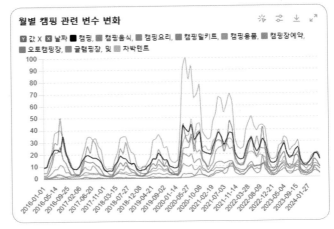

▲ 캠핑 관련 주요 키워드 월별 검색 수 추이

위 그래프는 월별로 캠핑 관련 변수들의 변화를 나타냅니다. '캠핑' 추이는
검은색 선으로 강조되어 표시되었습니다.

차트에서 '캠핑' 키워드는 검은색으로 표시했는데, 심화 분석에서는 '캠핑' 키워드를
종속변수로, 나머지 8개의 변수들을 독립변수로 정의할 것이기 때문에 시각적으로 차이
를 두기 위함이다.

상관 분석 수행

준비된 데이터로 상관 분석을 해보자. **상관 분석은 독립변수들 간의 관계를 보는 것이므**
로 (캠핑 키워드를 제외한) 8개의 키워드를 활용할 것이다.

ChatGPT

- 상관관계를 자세하게 분석해 줘.
- 상관계수를 소수점 3번째 자리까지 표시해 줘.

Full Rounded Correlation Matrix Of Camping-Related Keywords

		캠핑음식	캠핑요리	캠핑밀키트	캠핑용품	캠핑장예약	오토캠핑장	글램핑장	차박텐트
1	캠핑음식	1.0	0.143	0.676	0.757	0.758	0.795	0.784	0.736
2	캠핑요리	0.143	1.0	-0.147	0.427	0.012	0.423	-0.064	0.054
3	캠핑밀키트	0.676	-0.147	1.0	0.296	0.863	0.545	0.757	0.411
4	캠핑용품	0.757	0.427	0.296	1.0	0.495	0.908	0.499	0.87
5	캠핑장예약	0.758	0.012	0.863	0.495	1.0	0.728	0.826	0.563
6	오토캠핑장	0.795	0.423	0.545	0.908	0.728	1.0	0.59	0.805
7	글램핑장	0.784	-0.064	0.757	0.499	0.826	0.59	1.0	0.564
8	차박텐트	0.736	0.054	0.411	0.87	0.563	0.805	0.564	1.0

▲ 상관관계 분석 결과

상관계수의 값이 1에 가까울수록 강한 양의 상관관계를, -1에 가까울수록 강한 음의 상관관계를 의미합니다. 0에 가까운 값은 거의 상관관계가 없음을 나타냅니다.

주요 상관관계 해석 :

1. 캠핑용품과 오토캠핑장 (0.908) :
- 매우 강한 양의 상관관계. 캠핑용품에 대한 관심이 증가할 때 오토캠핑장에 대한 관심도 함께 증가하는 경향이 있습니다.

2. 캠핑장예약과 캠핑밀키트 (0.863) :
- 강한 양의 상관관계. 캠핑장예약과 캠핑 밀키트의 인기도가 함께 변하는 경향이 있습니다.

3. 글램핑장과 캠핑장예약 (0.826) :
- 강한 양의 상관관계. 글램핑장에 대한 관심과 캠핑장예약이 함께 증가하는 경향이 있습니다.

4. 캠핑용품과 차박텐트 (0.870) :
- 매우 강한 양의 상관관계. 캠핑용품에 대한 관심이 증가할 때 차박텐트에 대한 관심도 함께 증가하는 경향이 있습니다.

5. 오토캠핑장과 캠핑음식 (0.795) :
- 강한 양의 상관관계. 오토캠핑장과 캠핑음식 간의 인기도가 함께 변하는 경향이 있습니다.

6. 글램핑장과 캠핑음식 (0.784) :
- 강한 양의 상관관계. 글램핑장과 캠핑음식 간의 인기도가 함께 변하는 경향이 있습니다.

약한 상관관계 :

1. 캠핑요리와 다른 변수들 :

- 캠핑요리는 다른 변수들과의 상관관계가 상대적으로 약합니다. 예를 들어, 캠핑요리와 캠핑장예약 (0.012) 또는 글램핑장 (-0.064) 간의 상관관계는 거의 없습니다. 이는 캠핑요리가 독립적으로 인기를 끌 수 있음을 시사합니다.

2. 캠핑밀키트와 캠핑요리 (-0.147) :

- 약한 음의 상관관계. 캠핑 밀키트에 대한 관심이 증가할 때 캠핑 요리에 대한 관심은 약간 감소하는 경향이 있습니다.

종합 해석

- 강한 양의 상관관계는 캠핑 관련 활동이나 준비물(캠핑용품, 오토캠핑장, 차박텐트 등)이 함께 인기를 끌거나 관심이 증가하는 경향을 나타냅니다.
- 약한 상관관계는 특정 캠핑 활동(**예** 캠핑요리)이 다른 활동과 독립적으로 인기를 끌 수 있음을 시사합니다.
- 음의 상관관계는 상대적으로 드물며, 이는 특정 활동이나 준비물이 인기를 끌 때 다른 특정 활동이 약간 감소하는 경향을 나타냅니다.

'상관계수Correlation Coefficient'는 '상관성을 계산한 수치'이며, 챗GPT의 설명처럼 1에서 −1까지의 값으로 표현된다. 상관 분석은 독립변수들 간의 1:1 대응을 통해 상호 관계를 측정하므로, 우리는 **총 8개의 변수를 사용했으니 총 64개의 상관계수가 도출**되었다.

참고로 챗GPT가 '인기'라는 표현을 썼는데, 이 데이터는 검색 데이터이므로, 검색이 증가한다는 것이 반드시 '인기'로 해석될 수 있는가에 대해서는 생각해 볼 필요가 있다. 챗GPT는 동일한 질문을 하더라도 다른 결과값의 형태나 대답의 분량, 표현 방식 등이 달라질 수 있으니 참고로만 이해하자.

히트맵 시각화

이번에는 상관계수를 기준으로 히트맵Heatmap을 그려 보고자 한다. 히트맵은 데이터 시각화 기법의 하나로, **색상을 이용해 데이터의 크기나 빈도를 직관적으로 나타내는 그래프**이며, 상관 분석의 결과를 시각적으로 표현할 때 주로 활용된다.

ChatGPT

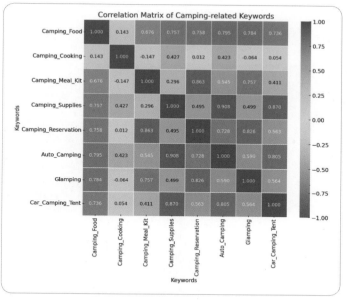

▲ 상관 분석 히트맵 시각화

8개의 캠핑 관련 키워드의 상관 분석 결과를 영어로 표시한 히트맵입니다. 각 변수 간의 상관관계를 색상으로 나타내며, 상관계수의 크기에 따라 색상이 변합니다. 양의 상관관계는 붉은색에 가깝고, 음의 상관관계는 푸른색에 가깝습니다. 이를 통해 변수들 간의 상관관계를 직관적으로 확인할 수 있습니다.

히트맵은 상관계수가 1일 때를 최댓값(빨간색), -1일 때를 최솟값(파란색)으로 해서 그려지는데, 시각화된 자료를 보면 전반적으로 붉은 계열의 색이 많다는 것을 알 수 있다. 키워드들 간의 관계가 대체로 양(+)의 관계여서 그렇다. 다만, 앞서 챗GPT가 설명해 준 대로 '캠핑요리Camping_Cooking'와 다른 키워드들은 파란색 계열이 많은 것으로 보아 관계가 없거나 음(-)의 관계라는 것을 알 수 있다.

히트맵의 최댓값, 최솟값 조정

그런데 여기서 최댓값을 1, 최솟값을 -1이 아닌, **(1을 제외한) 상관계수의 최댓값과 최솟값을 극단 값으로 히트맵을 다시 그려 보면 어떨까?** 데이터에서 상관계수의 최댓값은 0.908, 최솟값은 -0.147이다.

상관계수의 최댓값과 최솟값을 기준으로 히트맵을 그려 줘.

ChatGPT

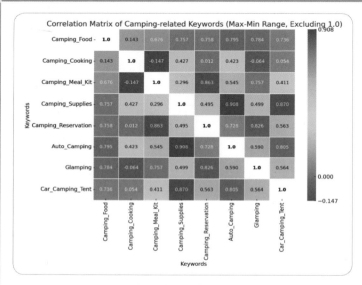

▲ 상관 분석 히트맵 축 조절 결과

여기 상관계수의 최댓값과 최솟값을 기준으로 그린 히트맵입니다. 각 변수 간의 상관관계를 최댓값과 최솟값을 기준으로 시각화하여, 양의 상관관계는 붉은색에, 음의 상관관계는 푸른색에 가까운 색상으로 나타냅니다. 이를 통해 상관계수의 극값들을 더욱 명확하게 확인할 수 있습니다.

최댓값과 최솟값을 조정했더니 색상에 변화가 생겼다. 이렇게 하면 데이터 구조를 조금 더 선명하게 이해할 수 있다. 같은 시각화 방법이라도 축의 값을 어떻게 조절하는가에 따라 다른 결과와 의도를 전달 가능하니 직접 챗GPT를 통해 다양하게 시각화해 보는 연습을 해보길 바란다.

심화 분석 ② :
변수선택법(Feature Selection)

변수선택법 개념

상관 분석을 통해 변수 간 관계를 간단하게 파악했다면, 이제 변수선택법을 진행할 차례다.

'변수선택법'은 쉽게 얘기하면, 여러 개의 변수 중에서 회귀 분석에 사용될 독립변수들을 선정하는 과정이다. 그런데 변수선택법의 '변수'에 해당하는 영단어가 'Variable'이 아닌, 'Feature'라는 점이 특이하다. '변수Variable'와 '피처Feature'는 비슷한 의미지만 맥락에 따라 다르게 사용되는데, '변수'는 수학이나 통계학에서 주로 사용되고, '피처'는 기계 학습 분야에서 주로 사용된다고 한다.

변수선택법에서 '피처'라는 용어를 쓰는 이유를 알아보았는데, 챗GPT의 설명에 의하면, 변수선택법이 기계 학습에서 모델의 성능을 향상시키기 위해 중요한 피처를 선택하는 과정이라서 그렇다고 한다. 깊게 파고들기보다 우선은 용어 그 자체로 익혀 두자.

변수선택법에도 앞서의 9가지 키워드에 대한 데이터 세트를 그대로 적용해 보겠다.

변수선택법 분석

9가지 키워드 중 '캠핑'을 종속변수로, 나머지 '캠핑음식' '캠핑요리' 등 8개 키워드를 독립변수로 정의하고 챗GPT에게 변수선택법을 적용해 달라고 했다.

업로드 한 데이터를 활용해서 '변수선택법' 분석해 줘.
- Stepwise Selection 기법을 써 줘.
- 종속변수는 '캠핑'이고 나머지 변수는 독립변수야.

ChatGPT

변수선택법을 사용하여 종속변수 '캠핑'과 독립변수들 간의 관계를 분석하기 위해 Stepwise Selection 기법을 적용한 결과를 공유합니다.

Stepwise Selection 과정

1. 초기 설정
- **종속변수** : 캠핑
- **독립변수** : 캠핑음식, 캠핑요리, 캠핑밀키트, 캠핑용품, 캠핑장예약, 오토캠핑장, 글램핑장, 차박텐트

2. Forward Step (추가 단계)
- **오토캠핑장** : p-value = 7.97e-51 (추가됨)
- **캠핑용품** : p-value = 3.42e-10 (추가됨)
- **캠핑장예약** : p-value = 0.000509 (추가됨)
- **캠핑요리** : p-value = 0.00507 (추가됨)

3. Backward Step (제거 단계)
- **오토캠핑장** : p-value = 0.121 (제거됨)

최종 선택된 변수
- 캠핑용품
- 캠핑장예약
- 캠핑요리

이 결과에 따르면 '캠핑' 종속변수를 예측하는 데 가장 유의미한 독립변수는 **캠핑용품, 캠핑장예약, 캠핑요리**로 나타났습니다. 이 세 가지 변수를 사용하여 캠핑에 대한 분석 및 예측 모델을 구축하는 것이 바람직합니다.

'Stepwise Selection단계별 선택법'은 대표적인 변수선택법 중 하나로, 변수들을 하나씩 추가하고 제거하면서 최적의 모델을 찾는 방법이기 때문에 'Forward Step(추가 단계)'과 'Backward Step(제거 단계)'이 설명되어 있다. 이 책에서는 깊게 다룰 내용이

아니기 때문에, **회귀 분석에 앞서 유의미한 독립변수를 찾아내는 과정 정도로만 이해**하자.

챗GPT는 이 과정을 통해 ('캠핑' 종속변수를 제외한) 8가지의 독립변수 중 **'캠핑용품' '캠핑장예약' '캠핑요리'** 등 3가지를 회귀 분석에 가장 적합한 변수로 꼽았다. 그런데 이 중 '캠핑요리'는 앞서 상관 분석에서 다른 키워드들과의 상관성이 가장 낮았던 키워드였다. 이를 통해, **다른 독립변수들과의 상관성이 낮더라도 종속변수에 미치는 영향력은 클 수 있다**는 것을 알 수 있다.

다음 절에서는 이 3가지 독립변수가 '캠핑'이라는 종속변수에 미치는 영향에 대해 분석해 볼 것이다.

심화 분석 ③ :
회귀 분석(Regression Analysis)

회귀 분석 개념

먼저 '회귀'라는 말이 익숙하지 않은 분들이 있을 텐데 '돌아온다'는 뜻이다. 회전, 회복, 회고할 때의 '회回, 돌아올 회' 자와 귀가, 귀국, 귀향 할 때의 '귀歸, 돌아갈 귀' 자를 합친 말이니 돌아간다는 의미가 된다.

영어로는 Regression인데, 'Re다시'와 'gress가다'를 합친 말이다. 참고로 'gress' 앞에 'Con함께'를 붙이면 'Congress의회'가 되고, 'A-을 향해'를 붙이면 'Aggressive공격적인'가 되고, 'Pro앞에'를 붙이면 'Progress진보하다'가 된다.

평균으로의 회귀

문제는 '어디로 돌아가냐'인데 목적지는 '평균'이다. 그래서 '평균으로 돌아간다'는 의미를 갖는다. 통계에서는 '평균으로의 회귀'라고 부르기도 하는데 '평균으로 돌아간다'는 의미는, 어느 한 시점에 데이터 값이 튀더라도 결국은 평균 근처로 모이는 경향이 있다는 것을 의미한다. 조금은 억지스러울 수 있겠지만 이렇게 예를 들어서 이해해 보자.

- "이번에 영희가 시험을 잘 봤다며?"

  설마 계속 잘 보겠어? 평균 점수라는 게 있는데, 다음 시험에는 돌아오겠지.

- "내일 날씨가 아주 더울 거래!"

  설마 계속 덥겠어? 평균 기온이라는 게 있는데, 모레는 내려오겠지.

- "오늘 부장님이 화가 많이 나셨어!"

  설마 계속 화 나 있으실까? 평균 감정이라는 게 있는데, 내일 발표 때는 평온을 찾으시겠지.

- "우리 애가 또 사고를 쳤어!"

  설마 계속 사고를 치겠어…. 평균 체력이라는 게 있는데…. 나이가 들면 나아지겠지.

챗GPT에게 '평균으로의 회귀'에 대해 시각적 자료를 들어 설명해 달라고 했더니, 시험을 본 학생들의 '공부 시간(Study Hours/X축)'과 '시험 점수(Exam Scores/Y축)'에 대한 분석 결과를 아래와 같이 주었다.

'평균으로의 회귀'를 표현하는 그래프 등 시각화 예시를 줄 수 있어?

ChatGPT

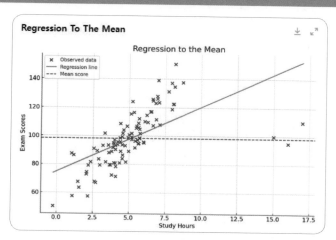

▲ 평균으로의 회귀 설명 자료

위 그래프는 '평균으로의 회귀' 개념을 시각적으로 설명하는 예시입니다.

- **파란 점들** : 각 데이터 포인트로, 학생들의 공부 시간과 그에 따른 시험 점수를 나타냅니다.
- **빨간 선** : 회귀선으로, 공부 시간과 시험 점수 사이의 관계를 보여 줍니다. 이 선은 회귀 분석을 통해 얻은 결과로, 예측된 시험 점수를 나타냅니다.
- **초록색 점선** : 시험 점수의 평균을 나타냅니다.

평균으로의 회귀
- **관찰된 데이터** : 일부 학생들은 매우 높은 점수를 받았지만, 그 학생들의 이후 점수는 평균에 더 가까워질 경향이 있습니다.
- **회귀선과 평균** : 회귀선은 독립변인(공부 시간)에 따라 종속변인(시험 점수)이 어떻게 변하는지 예측합니다. 이 선은 관측된 데이터가 평균으로 돌아가는 경향을 잘 보여 줍니다.

챗GPT가 정리해 준 내용을 조금 더 쉽게 풀어 보면 아래와 같다.

- **파란 점들** : 한 학급의 전체 학생들이 공부한 시간과 그로 인해 얻은 시험 성적
  - 7시간 정도 공부하고 140점 정도를 받은 학생이 있는가 하면, 17시간을 공부하고 평균에 가까운 100점 정도를 받은 학생도 있다.
  - 차이는 있지만 대체로 공부 시간에 따라 시험 성적이 변하는 경향을 잘 보여 준다.
- **초록색 점선** : 실제 관측된 학급 전체의 시험 점수 평균
- **빨간 선** : 회귀 분석을 통해 도출된 결과, 즉 '회귀선'. 공부 시간과 시험 성적의 관계
  - 공부 시간이 어느 정도 되었을 때 어떤 점수를 얻을 수 있는지를 예측하는 선
  - 예 데이터를 보니 5시간 공부하면 100점을 얻을 것이고, 10시간 공부하면 120점을 얻을 것이니라~

회귀 분석을 하는 이유

회귀 분석을 하는 이유는 결국 '예측'을 하기 위해서다.

예측을 위해서는 2가지를 잘 알아야 하는데, 우선 ① **데이터 관측을 통해 이전까지의 데이터가 어떤 흐름을 갖고 있었는지를 알아야** 한다. 두 번째는 ② **예측할 데이터에 영향을**

미치는 변수(항목)가 무엇인지, 또 얼만큼 영향이 있는지 알아야 한다.

앞서 예시에서 예측이 필요한 항목은 '시험 점수'이고, 시험 점수는 '공부 시간'에 영향을 받는 것으로 나타났다. 여기서 시험 점수는 '종속변수', 공부 시간은 '독립변수'가 된다.

요약 **회귀 분석의 두 가지 목적**

① **종속변수에 대한 독립변수 각각의 영향력 평가**

회귀 분석을 통해 각각의 독립변수가 종속변수에 얼만큼 영향을 미치는지 찾아낸다.

② **미래 예측**

- 각각의 독립변수의 추세를 기반으로 독립변수들의 미래 값을 예측한다.
- 예측된 독립변수 각각의 값을 통해 종속변수의 미래 값을 예측(추정)한다.

여기까지 따라왔다면 대단하다. 박수를 보낸다. 지금까지 얘기한 회귀 분석에 대한 모든 것을 완벽하게 이해할 필요는 없다. 필자가 한 예시들이나 설명들이 부족하다면 **챗GPT와 수많은 문답을 통해 공부해 보는 것을 추천**한다. 어디에도 챗GPT만큼 쉽고 다양한 방식으로 하나하나 세세하게 설명해 주는 곳은 없을 것이다.

변수선택법을 반영한 회귀 분석

그럼 이제, 앞서 '변수선택법'에 의해 추려진 '캠핑용품' '캠핑요리' '캠핑장예약' 등의 독립변수와 '캠핑'이라는 종속변수의 관계를 회귀 분석해 보자.

종속변수를 '캠핑'으로 하고 독립변수를 '캠핑용품' '캠핑요리' '캠핑장예약'으로 해서 회귀 분석해 줘.

ChatGPT

회귀 분석 결과 요약

- **모형** : OLS(Ordinary Least Squares)
- **종속변수** : Camping(캠핑)
- **독립변수** : Camping Equipment(캠핑용품), Camping Cooking(캠핑요리), Camping Reservation(캠핑장예약)
- **표본 수** : 102
- **R-제곱(R-squared)** : 0.941(모형이 종속변수의 변동성을 94.1% 설명함)
- **조정된 R-제곱(Adjusted R-squared)** : 0.940

- **모형의 유의성 (F-statistic)** : 525.4 (p-value : 3.11e-60)

회귀계수(Coefficients)

변수	회귀계수(Coefficients)	p-value 값
상수항	4.8727	0.000
Camping Equipment	0.3389	0.000
Camping Cooking	0.1276	0.000
Camping Reservation	0.9389	0.000

설명
- **Camping Equipment** : 캠핑용품의 계수는 0.3389로, 이는 캠핑용품이 1 단위 증가할 때 캠핑 검색량이 평균적으로 0.3389 단위 증가함을 의미합니다.
- **Camping Cooking** : 캠핑요리의 계수는 0.1276으로, 이는 캠핑요리가 1 단위 증가할 때 캠핑 검색량이 평균적으로 0.1276 단위 증가함을 의미합니다.
- **Camping Reservation** : 캠핑장예약의 계수는 0.9389로, 이는 캠핑장예약이 1 단위 증가할 때 캠핑 검색량이 평균적으로 0.9389 단위 증가함을 의미합니다.

요약
이 회귀 분석 결과는 캠핑 검색량(Camping)을 예측하는 데 있어 '캠핑용품(Camping Equipment)' '캠핑요리(Camping Cooking)' '캠핑장예약(Camping Reservation)' 세 가지 독립변수가 종속변수의 변동성을 94.1% 설명할 수 있음을 보여줍니다. 모형은 매우 높은 설명력을 가지며, 통계적으로 유의미한 것으로 나타났습니다.

여기서도 어려운 용어가 난무하는데, **빨간색으로 표시된 부분**이 중요하며 간단하게 설명하면 이렇다.

- **OLS**Ordinary Least Squares : 흔히 쓰이는 (선형)회귀 분석 모델 중 하나
- **표본 수** : 분석에 활용된 데이터 값들의 수로 2016년 1월~2024년 6월까지의 월별 데이터들을 사용했으므로, 개월 수를 따지면 102개(월).
- **R-squared**'알 스퀘어', 결정계수 : 0에서 1까지의 값을 가지는데 '1'은 설명력이 100%라는 의미

- 회귀계수regression coefficient : 각 독립변수가 종속변수에 미치는 영향을 측정하는 값으로 독립변수가 1 단위 증가할 때 종속 변수의 평균적인 변화를 의미

  (+)값이면 독립변수가 증가할 때 종속변수도 함께 증가한다는 의미이고, (-)값이면 독립변수가 증가할 때 종속변수는 반대로 감소한다는 의미이며 '0'에 가까우면 독립변수가 종속변수에 거의 영향을 미치지 않는다는 의미로 해석

- p-value (피-밸류, 피-값) : 'P'는 'probability가능성, 확률'를 의미. 즉, 어떤 사건이 발생할 확률인데, 여기서는 종속변수에 대한 각 독립변수들의 '영향력이 없을 확률'이라는 의미로 사용

  따라서 값이 적을수록 영향력이 있다는 얘기가 되고, 그래서 p 값이 0.05보다 작으면 통계적으로 유의미하다고 판단하는 것

  *3가지 변수에 대한 p 값이 모두 0.000으로 표기된 것은, 실제 0이 아닌 매우 작은 수치라서 0.000으로 표기된 것

이렇게 종속변수에 미치는 독립변수들의 영향력회귀계수을 알게 되면, 종속변수의 값을 모르더라도 독립변수 각각의 값을 통해 종속변수 값을 예측할 수 있다.

예를 들어, 캠핑용품의 계수는 0.3389로, 캠핑용품이 1 단위 증가할 때 캠핑 검색량이 평균적으로 0.3389 단위 증가한다는 것을 알게 되면, 캠핑용품의 검색량이 10단위 증가했을 때 캠핑의 검색량은 '0.3389 × 10단위'로 증가할 것이라는 방식이다.

미래 데이터 예측

2024년 6월까지의 실제 데이터에 회귀 분석을 진행했으니, 이제 본격적으로 2024년 7월부터 2024년 12월까지의 '캠핑' 키워드에 대한 미래 데이터를 예측해 달라고 해보자. 그런데 종속변수인 '캠핑' 데이터를 예측하려면, 해당 기간에 대한 독립변수들의 값이 있어야 하는데, 우리는 그 데이터도 없으므로 챗GPT에게 임의로 데이터를 만들어서 '캠핑' 데이터를 예측해 달라고 할 수 있다. 그리고 독립변수들의 임의 값은 과거 데이터를 기반으로 만들어진 것이어야 한다는 전제를 붙였다.

‘캠핑’ 키워드에 대한 미래 데이터를 예측해 줘.
- 예측 기간은 2024년 7월에서 12월까지로 해줘.
- 독립변수들 과거 데이터를 기반으로, 2024년 7월에서 12월까지에
  해당하는 독립변수들의 값을 임의로 설정한 뒤 예측에 적용해 줘.

ChatGPT

미래 데이터를 예측하기 위해 과거 데이터를 기반으로 독립변수들의 값을 임의로 설정하여 회귀 모델을 사용해 예측을 해보겠습니다. 여기서 독립변수들인 캠핑용품, 캠핑요리, 캠핑장예약의 값을 임의로 설정한 후, 그 값을 사용하여 캠핑 검색량을 예측해 보겠습니다.

다음은 2024년 7월부터 12월까지의 예측 결과입니다 :

Date	CampingEquipment	CampingCooking	CampingReservation	PredictedCamping
2024-07-31	1.09	5.09	-0.44	5.48
2024-08-31	33.76	6.15	0.88	17.92
2024-09-30	40.27	6.75	3.75	22.90
2024-10-31	51.94	11.11	-4.08	20.07
2024-11-30	31.07	11.54	-1.96	15.03
2024-12-31	37.23	5.04	0.13	18.26

▲ 미래 예측 결과

이제 기존 데이터와 예측 결과를 하나의 차트로 만드는 과정을 챗GPT와 함께 만들어 보자.

- 2016년 1월부터 2024년 6월까지의 실제 데이터와 2024년 7월부터
  12월까지의 예측 데이터를 하나의 차트로 만들어 줘.
- 예측 데이터는 빨간색으로 표시해 줘.
- X축의 값은 ‘YYYY-MM’ 형으로 바꿔 줘.
- X축의 값은 3개월 단위로 해줘.

ChatGPT

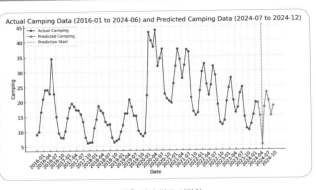

▲ 예측 결과 차트 시각화

앞의 차트는 2016년 1월부터 2024년 6월까지의 실제 데이터와 2024년 7월부터 12월까지의 예측 데이터를 함께 보여 줍니다. 빨간색 점선은 예측이 시작되는 시점을 나타냅니다. 이를 통해 과거 데이터와 예측 데이터의 변화를 시각적으로 확인할 수 있습니다.

파란색 차트는 2016년 1월부터 2023년 6월까지의 '캠핑' 키워드에 대한 **실제 검색 추이**Actual Camping이며, **빨간색 차트**는 2024년 7월부터 12월까지의 **예측 데이터**Predicted Camping이다.

과연 예측 결과가 맞을까? 모르겠다. 정말 챗GPT가 미래 예측까지 할 수 있을까? 그럴 수도 있고 아닐 수도 있다.

지금까지 챗GPT를 활용해 상관 분석과 변수선택법, 회귀 분석 그리고 미래 데이터를 어떻게 예측할 수 있는지 간단하게 살펴봤다. 거듭 말하지만, 이 책에서 소개한 내용들은 이 모든 분석 기법들의 극히 일부에 불과하다. 회귀 분석만 하더라도 사용하고자 하는 목적이나 데이터 형태 등에 따라 적용해야 하는 기법들이 엄청 다양하고 분석을 진행할 때나 해석할 때 알아야 하는 개념들이 넘쳐난다.

더욱이 예측 분석이 수립되고 난 후에는, 반드시 면밀한 검증 단계가 필요하다. 검증 단계를 거치면, 예측 기법과 방식에 대한 조정이 필요하다. 그러므로 예측은 끝이 아니다.

종속변수 설정의 중요성

또 한 가지 중요한 게 있다. 지금까지 우리는 '캠핑'을 종속변수로 설정하고 여러 분석을 진행했지만, 사실은 '캠핑' 키워드가 종속변수가 되는 게 적합한지 자체에 대한 의문을 가져야 한다.

바꿔 말하면, 캠핑 키워드에 대한 검색 추이를 알면 캠핑 시장에 대한 트렌드를 알 수 있을까, 캠핑을 검색하는 행동이 캠핑 시장을 대표할 수 있을까에 대한 근본적인 질문을 던져야 한다는 것이다.

예를 들어, **'캠핑' 키워드를 검색하는 사람의 욕구와 경험 그리고 '캠핑용품'을 검색하는**

사람의 욕구와 경험이 다르다면, 우리는 어떤 키워드를 시장의 대표 키워드로 생각해야 할까? 또 캠핑용품을 판매하는 기업 입장에서는 어떤 키워드를 '핵심 주요 지표KPI, Key Performance Index'로 선정해야 할까? 이제 막 캠핑에 관심을 두기 시작한 초보들과 이미 캠핑을 즐기는 사람들이 검색하는 키워드나 내용은 다를 텐데 말이다.

그래서 어떤 변수를 종속변수로 잡는지가 사실 가장 중요하다. 이는 데이터 분석을 요구하는 쪽에서의 목적이나 방향성에 따라 정해지기도 하고, 데이터 분석가의 재량에 따라 제안되기도 한다.

앞서 스타벅스의 매출 하락 원인을 '(스타벅스에) 가고 싶다'라는 종속변수로 설계했던 예시를 기억하는가? 실제로는 '가고 싶다'는 게 아니라 '스타벅스는 고급스럽다'라는 인식이 종속변수가 될 수 있으며, 이러한 설계는 데이터를 가장 많이 다루는 데이터 분석가를 통해 나와야 한다.

그래서 데이터 분석가는 회귀 분석 등의 기법을 잘하는 것도 중요하지만, **어떠한 변수로 분석할 것인지를 결정하고 탐색하는 것이 무엇보다 중요**하고, 그에 앞서 **분석을 요구하는 쪽에서의 목적이나 방향성을 이해하는 것은 물론**, 한 발 더 나아가 **'덧붙일 줄 아는' 능력이 매우 중요**하다.

만약 필자에게 캠핑 관련 검색 키워드 중 핵심 지표(종속변수)를 고르라고 하면, '캠핑 밀키트'라는 키워드를 선택할 것이다. 2020년 발발한 코로나19로 인해 급증한 캠핑 검색이 서서히 감소를 겪는 와중에 거의 유일하게 최근 등장해 어느 정도의 볼륨을 유지하는 키워드이기 때문이다.

또 이 키워드를 검색하는 사람들은 (기존의 캠핑 유저들이 아닌) 캠핑 초보들일 확률이 높다는 생각(가설)도 드는데, 필자는 캠핑 시장을 분석하려면 기존 캠핑 유저보다 초보들의 움직임을 보는 것이 매우 중요하다고 생각되기 때문에 더더욱 '캠핑 밀키트'라는 키워드를 선택할 것 같다.

당신은 어떤가? 캠핑 시장의 트렌드를 분석하기 위해 자신이 핵심 지표로 삼겠다는 키워드가 있는가? 만약 검색 데이터를 활용해 시장 트렌드를 분석한다면, 꼭 이 관점을 고려해서 접근해 보기 바란다. 나는 무엇을 핵심 지표, 즉 종속변수로 설정할 것인가? 왜 그렇게 생각했는가?

이 분석 기법들을 통해 전하고 싶은 메시지는, 어떤 특정한 분석 기법을 할 줄 안다고 해서 데이터 분석을 할 줄 아는 것은 아니라는 것이다. 상관 분석이든, 변수선택법이든, 회귀 분석이든, 데이터 분석을 통해 궁극적으로 도달해야 하는, 소위 인사이트 도출을 위한 하나의 과정일 뿐이다.

데이터 분석 결과가 그렇게 나왔다고 해서, 통계적으로 가장 유의미한 결과가 도출되었다고 해서 반드시 그게 맞는 것은 아닐 수도 있다는 생각을 해야 한다. 한두 개의 결과만을 맹신하지 말고 여러 가지 단서를 방대하게 얻는 과정을 거친 뒤, 이들을 종합해 자신만의 흐름을 정리하고 방향을 설정하고, 합리적인 근거로 주장하고 설득해야 한다.

심화 분석 ④ :
아리마(ARIMA) 분석

아리마 분석의 개념

아리마 분석도 회귀 분석과 마찬가지로 예측 모델링에 사용되지만, 회귀 분석이 두 개 이상의 데이터(독립변수와 종속변수)를 필요로 하고 일별, 월별 등 시계열time-series 데이터가 아니어도 할 수 있는 반면, 아리마 분석은 시계열 형태로 된 하나의 변수로도 할 수 있는 예측 방법이라는 점에서 차이가 있다.

아리마 분석은 과거 데이터를 기반으로 패턴을 학습해서 미래 데이터를 예측하는 통계 기법으로, ARIMA는 Autoregressive/Integrated/Moving Average 등 세 가지 용어의 앞 글자를 따서 만들어졌다. 각 요소를 간단히 설명하면 이렇다.

- **Autoregressive, AR** 자기회귀 : 자기 자신의 과거 데이터를 기반으로 미래 데이터를 예측한다는 의미
- **Integrated, I** 차분 : '차분'은 '차이를 계산한다'는 의미로, 현재 값에서 이전(과거) 값을 빼는 과정
- **Moving Average, MA** 이동평균 : 과거 시점의 데이터를 활용해 계산된, 오차(예측값과 실제값의 차이)를 미래의 예측 값을 계산하는데 반영하여 예측 성공률을 높이는 과정

예를 들어 A 종목의 주식 추이를 예측한다고 생각해 보자. 가장 쉽게 생각할 수 있는 방법은 A 종목의 과거 데이터를 기반으로 어떤 패턴을 그리는지를 파악해서 미래 데이터를 예측해 보는 것이다. 이게 아리마 분석이다.

그런데 A 종목의 주식 추이 변동이 여러 주변 상황에 따라 변한다고 가정하면 어떨까? 예를 들면, 물가지수나 소비지수 등 각종 경제지표 같은 것들 말이다. 아니면 동일 업종의 B 종목에 영향을 받을지도 모른다. 이 경우 A 종목의 주식 가격 추이를 종속변수로 두고, 경제지표들이나 B 종목의 주식 가격 추이를 독립변수로 설정해서 A 종목의 주식 가격을 예측할 수도 있을 것이다. 이게 회귀 분석이다.

챗GPT를 활용한 아리마 분석

챗GPT를 활용해 직접 분석해 보자. 앞서 회귀 분석에서 사용했던 데이터 중 '캠핑' 키워드에 대한 검색 추이 데이터를 활용했다.

- 업로드한 데이터에서 '캠핑' 키워드에 대한 아리마 분석을 진행하고 2024년 7월부터 2024년 12월까지의 데이터를 예측해서 차트로 만들어 줘.
- 차트 선은 5배 정도 굵게 해주고, 깨지는 한글은 모두 영어로 바꿔 줘.

ChatGPT

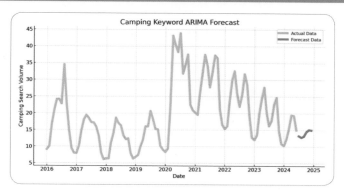

▲ 캠핑 키워드에 대한 ARIMA 예측 결과

위 그래프는 '캠핑' 키워드에 대한 ARIMA 예측 결과를 표시한 것입니다.
- **노란색** : 이 선은 2016년부터 2024년 6월까지의 실제 검색 데이터를 나타냅니다.
- **빨간색** : 이 선은 2024년 7월부터 2024년 12월까지의 예측된 검색 데이터를 나타냅니다.

그런데 예측 기간인 2024년 7월부터 2024년 12월까지의 데이터가 시각적으로 잘 보이지 않아 해당 부분만 확대해서 보여 달라고 했다.

예측 데이터에 해당하는 기간만 보여 줘.

ChatGPT

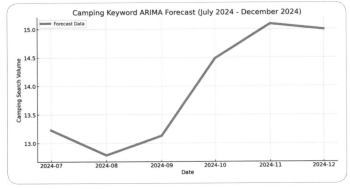

▲ 예측 기간 데이터만 확대한 결과

위 그래프는 '캠핑' 키워드에 대한 2024년 7월부터 2024년 12월까지의 예측된 검색량만을 나타낸 것입니다. 빨간색 실선으로 표시된 예측 데이터는 다음과 같은 패턴을 보입니다 :

- **2024년 7월과 8월** : **여름철**로 캠핑에 대한 관심이 높을 것으로 예상됩니다.
- **2024년 9월부터 12월** : **가을**과 **겨울철**로 접어들면서 캠핑에 대한 관심이 점차 감소할 것으로 예상됩니다.

내용을 읽어 보니 해석 내용과 데이터 추이가 어긋난다. 여름철에 캠핑에 대한 관심이 높을 것이라고 했으면서 예측된 검색 추이는 바닥 수준이고, 오히려 관심이 점차 감소할 것이라고 했던 가을과 겨울 시즌의 검색량이 증가하는 것으로 나타났다. 챗GPT가 또 실수를 한 듯하니 바로잡아야겠다.

사리마(SARIMA) 분석 결과

가을과 겨울로 접어들면서 캠핑에 대한 관심이 점차 감소하는데 왜 빨간 색 선은 증가하는 거야?

ChatGPT

모델이 계절적 패턴을 충분히 반영하지 못했거나, 데이터의 특성상 예외적인 경우가 존재할 수 있습니다. 이를 더 명확하게 이해하기 위해 모델을 다시 확인 하거나, 계절성을 더 잘 반영하는 SARIMA(Seasonal ARIMA) 모델을 사용할 수 있습니다.

지금은 ARIMA 모델 대신 SARIMA 모델을 사용하여 예측을 다시 해보겠습니다.

SARIMA 모델 적용

SARIMA 모델은 계절성을 반영하여 보다 정확한 예측을 할 수 있습니다.

SARIMA 모델은 다음과 같은 파라미터를 포함합니다 :

- **(p, d, q)** : ARIMA 모델의 파라미터
- **(P, D, Q, s)** : 계절성 파라미터, 여기서 s는 계절 주기

계절성을 반영하여 다시 예측을 해보겠습니다.

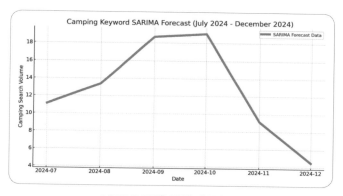

▲ SARIMA 모델을 이용한 재 분석 결과

위 그래프는 SARIMA 모델을 사용하여 2024년 7월부터 2024년 12월까지의 '캠핑' 키워드 검색량을 예측한 결과입니다. 예측 데이터는 다음과 같은 패턴을 보입니다 :

- **2024년 7월과 8월** : 여름철로 인해 캠핑에 대한 관심이 여전히 높을 것으로 예상됩니다.
- **2024년 9월부터 12월** : 가을과 겨울철로 접어들면서 캠핑에 대한 관심이 감 소하는 추세를 보입니다.

SARIMA 모델은 계절성을 반영하여 보다 현실적인 예측을 제공합니다.

챗GPT가 '움찔'했는지, 새로운 대안을 내 놓았다. 여전히 차트와 해석에 간극은 있지만, 이전보다는 한층 나아진 모습이다. 전체 기간에 대한 차트를 그려 보자.

전체 차트를 그려 줘.

ChatGPT

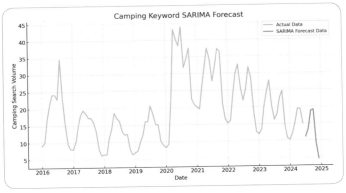

▲ SARIMA 모델을 이용한 기존 추이와 예측 추이 비교

위 그래프는 전체 기간 동안의 '캠핑' 키워드 검색량과 2024년 7월부터 2024년 12월까지의 예측된 검색량을 함께 시각화한 것입니다.

사리마SARIMA 모델은 계절적 패턴을 포함한 시계열 데이터를 분석하고 예측하는 데 사용되는 모델이다. SARIMA는 'Seasonal AutoRegressive Integrated Moving Average'의 약자이며, ARIMA 모델의 확장 버전으로 시계열 데이터의 계절적 변동을 반영한다.

심화 분석 기법들을 수록한 이유

본 책의 목적은 초보자들에게 데이터 분석이라는 게 무엇인지를 맛보게 함과 동시에 챗GPT의 활용 가능성을 조금이라도 더 보여 주는 것이기에, 각 분석 과정에서의 설계 조건이나 해석을 엄격하게 관리하지는 않았지만 실제로는 매우 반복적이고 조밀한 통제가 필요한 분석 방법들이다.

마지막의 아리마, 사리마 분석 역시 챗GPT가 내놓은 분석 결과 중심으로 비교적 짧게 다뤘지만, 방대한 분량에 대한 이해를 담고 있어야 잘 활용할 수 있는 분석이다. 필자 역시 이 내용을 준비하면서, 어떻게든 쉽게 전달하고자, 여러 관련 서적을 독파하며 씨름하고 챗GPT와 문답을 거듭하며 이해도를 넓혔지만, 쉽게 표현하고 정리하는 데는 한계가 있었다.

체화되지 않은 내용을 함부로 다루는 것은 오만과 욕심일 수 있다는 것을 알지만, 필자가 찾기에도 이런 분석 기법들을 대중적으로 쉽게 소개한 책들이 아직은 많지 않다는 것이 동력이 되었다. 어설프더라도 드러내야 알게 되고 부족하더라도 설명해야 이해의 시발점이 된다.

낯선 분석 기법이 익숙해지려면

스스로를 '방구석 통계인'이라고 칭하는 동료가 필자에게 처음 이 기법을 자세하게 설명해 주었을 때, 필자는 '아리마'라는 단어에 꽂혀서 한동안 **말도 안 되는 상황에 이 단어를 붙이고 다녔다.**

회의에서 보고 받는 내용이 마음에 들지 않으면, "아, 전혀 아리마스럽지 않은데?" 하는 식이었다. 기법의 의미와 전혀 맞지 않는 말이었지만, 말맛이 좋았던지 한동안 우리 팀 몇몇은 이 단어를 가지고 놀았다. "그러게요, 진짜 아리마스럽지 않네요." "아, 뭐 좀 아리마스러운 거 없어?"

이 말도 안 되는 상황을 지나고 나니 어느새 '아리마'라는 단어가 익숙해져 있었고, 이름이 익숙해지니 그다음 의미와 원리 등을 공부하는데 한결 마음이 편해졌다. 심리적인 장벽이 사라진 것이다. 어렵다는 건 실제로는 낯선 경우가 많기 때문에 무언가 어렵다는 생각이 든다면 우선 낯설지 않게 만들어보는 게 중요하다. 어려운 용어는 어렵지 않게 익혀야 한다.

여러분도 이제 '아리마ARIMA'라는 용어가 낯설지 않기를 바란다.

데이터 분석
보고서 작성 방법

"인사이트는 데이터 분석가가 갖는 '통찰'이 아니다.
분석 결과를 보는 사람들에게 전달해 줘야 할 '시각'이다."

지금까지 얘기한
데이터 분석 정리

원래 뒤죽박죽인 분석 과정

지금까지 얘기한 데이터 분석 방법들을 떠올려 보자. 아마 머릿속이 복잡할지도 모르겠다. 대단히 많이 읽었는데 당장은 하나도 기억나는 게 없을 수도 있고, 데이터 분석이 순서대로 차근차근 진행되지 않고 들쭉날쭉, 또는 뒤죽박죽이었다고 느꼈을지도 모르겠다. 만약 그렇게 느꼈다면 정답이다.

책을 쓰면서 의도했던 건, 책의 순서가 아닌 분석의 순서를 지키자는 거였다. 책은 다르다고, 교육할 때는 다르다고, 조금 더 목차가 구분되어야 하고 작은 것부터 큰 것까지 순서가 정해져 있어야 한다고, 그게 효과적이라고 말할 분들이 있을지도 모르겠다. 충분히 동의한다. 현장에서는 그렇지 않더라도 교육 과정은 달라야 하는 부분이 있다고 생각한다.

그런데 현장과 교육이 달라야 한다는 주장은, '하지만 실제로는 이렇게 다르다'라는 부분도 함께 교육이 되었을 때 설득력을 가진다. 가장 위험한 것은 교육과 실무의 간극이 매우 클 때이다. 익히 겪지 않았던가. 영어를 그렇게 오랜 기간 배웠는데 왜 우리는 영어를 잘 못할까. 오랜 기간 배운 영어가 쓸모없어서가 아니다. 오랜 기간 배운 영어 속에 실제로 어떻게 공부해야 하는지, 또 실제로 어떻게 쓰이는지를 함께 교육받지 못했기 때문이다.

원래 데이터 분석 과정은 뒤죽박죽이다. 그래서 데이터 분석가들은 서로 업무 분담을 잘 하지 못한다. 처음 시작할 때는 너는 여기까지, 나는 여기부터, 또 다른 너는 저것부터 등으로 분석 영역을 분담해도, 각자 담당한 영역을 분석하다 보면 서로의 영역을 넘나드는 경우가 많다.

분석들이 서로 이어져 있기도 하고 분석가들 역시 시작은 다르더라도 **의식의 흐름대로 분석을 진행하기 때문에** 어느 지점에서는 만나게 되기 때문이다. 그래서 결국 다른 사람이 봤던 결과도 내 관점에서 한 번 더 보는 경우가 비일비재하다. 누구는 상관 분석, 누구는 회귀 분석이 애초에 되지 않는다는 말이다.

데이터 분석 과정 곱씹기

지금까지 얘기 나눈 분석 방법이나 내용들을 곱씹어 보자.

① 주어진 데이터의 특성과 한계를 이해하고 정의한다.

② 데이터를 정제하고 가공한다.

③ 데이터를 그룹화한다.

④ 데이터를 기반으로 이런 저런 차트를 그린다.

⑤ 차트로 봤을 때 '튀는 지점'의 원인이 무엇인지 찾아본다.

⑥ 경우에 따라 별도의 데이터를 수집하기도 한다.

⑦ 여러 데이터를 하나의 차트로 그린다.

⑧ 차트의 기간을 줄이거나 늘려서 본다.

⑨ 전체 데이터를 성별, 혹은 연령별로 또는 성×연령 단위로 구분해서 본다.

⑩ 데이터 분석 목적, 우리가 처한 상황에 따라 타깃을 정의한다.

⑪ 상관성을 분석하고 변수선택법을 활용해 회귀 분석에 쓰일 독립변수를 선택한다.

⑫ 변수선택법을 통해 도출된 유의미한 독립변수들을 활용해 회귀 분석을 진행한다.

⑬ 회귀 분석을 통해 시장(종속변수)의 미래 데이터 값을 예측한다.

⑭ 시계열 데이터라면 시장을 예측하는 또 다른 방법(ARIMA)도 있다.

아주 간단하게 정리했는데도 저렇게 많다. 그럼, 데이터를 분석한다고 하면 저 과정을 모두 거쳐야 할까? 그럴 수도 있고 아닐 수도 있다. 분석가의 선택에 달려 있다. 즉 '연구자의 판단' 영역이다. **필자 역시 매번 상관 분석이나 회귀 분석을 진행하지는 않는다.**

그럼, 저 순서를 지켜 가면서 데이터를 분석해야 할까? 아니다. 절대 그렇지 않다. 숫자로 된 데이터, 그것도 시계열 데이터일 때 시도해 볼 수 있는 것들을 정리했을 뿐이다. 만약 **데이터 종류가 다르다면, 다른 방식과 기법을 적용해야 한다.**

예를 들어, 데이터를 정제하고 가공하는 과정이 비교적 처음 단계에 행해지는 것은 맞지만, '데이터를 정제한다' '가공한다'는 표현만 동일할 뿐, **데이터 분석가마다 어떻게 정제할지, 어떻게 가공할지 각기 다른 기준을 적용할 수 있다.** 데이터 종류에 따라서도 정제와 가공 방식은 천차만별이다.

어쨌든 데이터를 정제하고 가공하는 과정을 끝내면, 어떤 분석가는 바로 성×연령별 분석을 할 수도 있고, 어떤 분석가는 극단적으로 상관 분석이나 회귀 분석을 진행할 수도 있다. 이렇듯 데이터 분석은 늘 공통되고 일관된, 또 정형화된 방식이나 기법이 존재하지 않는다. 그래서 데이터 분석에서 가장 중요한 건 데이터를 분석하는 목적을 구체화하고 어떤 데이터를 분석할지 결정하고, 그 데이터의 특성과 한계를 이해하며 목적을 달성하기 위해 어떤 기법을 쓰면 좋을지를 반복적으로 고민하는 것이 될 수밖에 없다.

우리는 그걸 뭐라고 부른다? 관점Perspective이라고 부른다. 반복해서 하는 말이지만, 관점은 견해와 주장을 동반한다. 관점이 있고, 견해가 있고, 주장이 있으면, 누군가를 설득할 수 있다.

데이터 분석가가 야근하는 이유

이 책에서는, 데이터를 보는 관점을 설명하기 위해 단지 몇 가지 키워드로만 여러 분석을 진행했지만, 실제 트렌드를 분석할 때는 설명했던 방법들을 수많은 키워드, 즉 분석 대상에 적용해야 한다.

동일한 기법과 방식이 반복적으로 수도 없이 행해지며 몇 가지의 단서가 되고, 이렇게 겨우 얻은 단서들이 모여 결론을 향한 이정표가 되며, 그러고 나서야 스토리 중 일부로 쓰이는 것이다. 이렇게 반복적인 과정과 시도가 있기 때문에 데이터 분석가들 은 집에 있어도 야근하고 밤을 새는 일이 허다하다.

기회가 된다면, 정말 데이터 분석을 훈련하고 싶다면, 앞에서 시도한 다양한 방법들 을 여러 키워드에 시도해 보고, 또 캠핑이 아닌 다양한 산업 분야에 시도해 보면서 '감 感'을 익히기를 바란다. 데이터 분석의 감. 그게 코딩 몇 개를 익히는 것보다 백 배는 낫고, 열 배는 더 오래 걸린다. 지금 당장 해야 한다.

우리가 도달해야 할 '인사이트(Insight)'

인사이트에 대한 이해

'Insight'는 'In'과 'Sight'를 합친 말이다. 'in'은 '~안에'라는 뜻이고 'Sight'는 '보다'의 의미가 일반적인데, '시력' '시야'라는 의미를 갖고 있다. 아마 '속에 감춰진 것을 보는 시각' 정도로 해석될 수 있을 것 같다.

우리말로는 '**통찰력**洞察力'이라는 말로 주로 쓰인다. '통찰'의 사전적 의미는 '예리한 관찰력으로 사물이나 현상을 꿰뚫어 봄'인데, '통洞'은 '골짜기' '마을'의 의미를 갖고, '찰察'은 '살피다' '조사하다'는 의미를 갖는다.

'찰察'의 한자 구성을 보면, 집에서 제사를 지내는 모습을 표현한 것인데, 조상에게 제사를 지내는 일에 부족함이 없게 두루 살펴본다는 의미를 담고 있다고 한다. 지금이야 잘 공감을 못하겠지만, 과거에는 제사를 지내는 일이 얼마나 큰 일이었겠는가. 그만큼 **세심하게 주의를 기울인다는 뜻**일 것이다.

데이터 분석가에게 인사이트Insight는 데이터 분석가가 갖는 '통찰'이 아니다. 데이터 분석 결과를 보는 사람들에게 전달해줘야 할 '시각'이다. 그러니까 데이터 분석 결과를 보는 사람들이 인사이트를 얻어야 한다는 것이다. 분석가는 최대한 (의사 결정을 해야 할) 상대방의 마음 속(in)에 새로운 궁금증이나 호기심 그리고 효과적인 '시야'나 '시각'을 심어 주는 역할을 해야 한다.

인사이트는 '예측'이 아니다.

인사이트를 단순히 '예측'이라고 생각하는 분들이 많은데, **모든 데이터 분석이 예측으로 결론을 맺지는 않는다.** 데이터 분석을 하는 이유 중에 '예측'은 일부에 불과하다. 내 경험에 비추어 보면, 시장에서 가장 많이 요구하는 인사이트는 'Why'에 대한 대답이다. 왜 이런 현상이 일어났는지, 이유가 무엇인지를 알려 달라는 요구가 가장 빗발친다.

마케팅 시장에서 예측은 뭐랄까, 약간 식상한 개념이다. 많은 이유가 있겠지만 예측 결과에 대한 신뢰성이 그렇게 높지는 않은 것 같다. 분석가의 역량을 믿지 못한다기보다는 **소비자의 행동에 기반이 되는 변수가 너무 다양해졌다.** 그리고 빅데이터 시대로 접어들면서 '빅데이터'라는 새로운 종류의 데이터를 규명하는 것도 아직 완전히 자리잡지 못했다. 이 상황에서 예측을 논하기는 사실, 상당히 위협 요소가 따른다는 판단이 지배적인 것 같다. 시기상조라고 할까?

그리고 데이터 분석에도 트렌드가 있다. 예측이 중요하지 않다는 게 아니라 **시대에 따라 중요하게 보는 관점이 다르다**는 얘기다. 어느 시기에는 과하더라도 통계적인 분석이 각광을 받는 경우가 있고, 또 어느 시기에는 간단한 분석이 각광을 받는 시기도 있다. 그리고 이런 인식은 왔다 갔다 반복된다.

지금 중요한 건, '현상 규명'과 '기회 포착'이다. 반복이지만, 왜 이런 현상이 발생하고 있는지, 이 현상이 의미하는 것은 무엇인지에 대한 진단Diagnosis이 필요하다. 그리고 그러한 **현상 규명과 시대 진단을 통해 '우리는 어떻게 해야 하는가'에 대한 기회를 포착하고 전달해 주는 것이 상대방에게 인사이트를 제공해 주는 길이다.**

캠핑 시장에서의 인사이트 예시

캠핑 시장을 예로 들어 보자. 어떤 부분을 인사이트로 얘기할 수 있을까?

캠핑을 즐기려는 사람들이 캠핑음식을 중요하게 생각한다는 게 밝혀졌다. 이러한 경향성에 맞춰 최근 캠핑밀키트가 인기를 끌고 있다. 따라서 캠핑 밀키트 시장을 주목해 봐야 한다.

자, 이렇게 결론을 내면 인사이트가 있는 것일까?

조금 다른 관점에서 이런 식의 정리는 어떨까?

사람들이 캠핑에 관심을 가지면서 밀키트에 대한 관심이 높아지는 것 같다. 그런데 검색어를 보면 그냥 '밀키트'가 있고, '캠핑밀키트'로 나뉘어져 있다. 자료 조사를 해보니 '캠핑밀키트'라는 상품군이 따로 있는 것은 아니더라. 그냥 밀키트 상품을 캠핑에 가져갈 수도 있겠지만, '캠핑밀키트'라는 게 코로나19 이후 등장한 걸 보면 캠핑에 관심 있는 새로운 소비층이 생긴 것 같다.

전반적으로 음식에 대한 수요가 커지고 있고, 캠핑에 있어서도, '캠핑음식'에 대한 수요가 커지고 있는 만큼 그냥 캠핑음식이 아닌 '캠핑밀키트' 상품에 관심을 가지는 수요층이 누구인지, 어떤 니즈가 있는지를 구체적으로 파악해서 우리가 새로운 '캠핑밀키트' 상품을 발굴하고 브랜딩해 보는 것은 어떨까?

일반 가정식 밀키트는 탕, 찌개 등 보편적인 음식에 국한될 수 있지만, '캠핑밀키트'는 조금 더 새롭고 자극적인 음식으로까지 확장될 가능성이 있다. 우리는 캠핑용품 회사지만, 우리가 캠핑밀키트 시장에 새롭게 도전한다면 새로운 수요와 고객층을 확보할 수 있고, 새로운 수입원을 개척할 수 있다.

이는 분명 우리의 매출 확대에 좋은 시도가 될 것이다. 그래서 새로운 '캠핑밀키트' 브랜드 개발을 위한 브랜드명 몇 가지를 생각해 봤다. 브랜드명은 '캠핑' '밀키트'라는 직접적인 단어를 피하면서 '캠핑밀키트'가 연상될 수 있는 브랜드명을 찾고자 했다. 자, 들어 보시라!

- 별빛만찬
- 별빛삼아
- 바람과 식탁
- 오솔길 간식

어떤가, 마음에 들지 않는가? 그렇다면 조금 더 직관적으로 '캠핑'과 '밀 키트' 키워드를 활용한 아이디어도 있다.

- 캠핑레시피
- 아웃도어레시피
- 캠핑맛집
- 자연요리키트
- 캠핑 푸드박스
- 텐트식탁
- 캠핑셰프
- …

필자는 개인적으로 맨 처음 언급한 **'별빛만찬'**이 마음에 든다. 캠핑, 밀키트 등의 직관적인 키워드가 포함되어 있지 않지만 '별빛'이 캠핑을, '만찬'이 뭔가 대단한 먹거리를 연상하게 한다. 단어도 딱 떨어지는 느낌이라 브랜드명으로 쓰기에 아주 좋다고 생각한다.

그런데 필자와 같은 생각을 하는 사람이 있는지 '별빛만찬'* 은 **이미 충청남도 공주시에서 사용 중인 브랜드명(행사명)**이다. 금강철교 위에서 시민들이 모여 야경을 바라보며 만찬을 즐기는 행사라는데, 관심 있으신 아웃도어 브랜드들은 어서 협조라도 구해 보시길.

인사이트는 서로 주고받는 것

자, 여기까지 가면 상대방에게 인사이트를 줄 수 있다. **인사이트는 상대방이 들으면서 느끼는 생각의 시발점이다.** 데이터 분석을 통해 무수히 쏟아 내는 이야기들이 본격적으로 아이디어를 구상할 수 있는 '단초'가 된다면 분석가로서는 더 바랄 것이 없다. 물론 데이터 분석가가 시장에 대한 이해가 있고, 마케팅에 대한 감이 있어서 데이터 분석에서 마케팅 전략과 전술까지 짜잔~ 하면서 쏟아 낼 수 있으면 좋겠지만, 실제 그런 경우는 거의 없고 그렇게 되기에는 불가능에 가깝다.

---

*   출처 : 대전인터넷신문 기사 인용 (https://www.daejeonpress.co.kr/news/view.php?idx=58063&key_idx=64145)

회사에는 여러 조직이 있고 그들 나름대로 범접할 수 없는 전문성을 가지고 있다. **필자가 그들에게 생각의 단초가 되는 아이디어를 주는 게 인사이트라고 했지만, 그들 역시 (데이터에 무지한 경우에도) 생각을 자극하는 인사이트를 던져 주는 경우도 많다.**

혹시라도 나의 공들인 분석이 누군가의 생각을 자극시키는 일에 불과하다고 불평하지 말자. 회사 생활을 하다 보면 알 것이다. 서로가 서로에게 생각을 자극시키는 일이 얼마나 적은지를. 누군가의 생각을 자극시키는 일이야 말로 조직 내에서는 최고의 성과다.

인사이트는 매번 찾아오지 않는다.

이렇게 인사이트에 대해 여러 가지 이야기를 늘어 놓았지만, 필자는 정작 '인사이트가 없다'는 말을 많이 듣는 사람이다. 대놓고 그런 얘기를 하는 무례한 사람이 있을까 싶지만, 그런 사람은 많다. 그리고 그건 무례한 게 아니라 그저 자기 일을 하고 있는 것이다.

'인사이트'는 그나마 순화된 표현이다. '이미 다 아는 얘기'라거나, '좋은 얘기인데 현실적이지 않다'거나 '당장 적용할 수 있는 게 없다'거나, 심지어 '뭐, 얘기 잘 들었고요…. 고생했어요.' 같은, 힘 빠지는 반응도 곧 잘 마주하게 되는 게 현실이다. **나의 분석은 생각보다 (상대방 입장에서는) 형편없는 결과를 낳을 때가 많다.**

여러분도 만약 데이터 분석가가 된다면 이런 얘기를 많이 듣게 될 것이다. 아니, 굳이 분석가가 아니더라도 살면서 이런 얘기를 듣는 경우는 많을 것이다. 인사이트는 비단 분석가에게만 요구되는 역량은 아니니까.

야구를 몰라도 이름은 한 번쯤 들어봤을, 미국 메이저리그의 전설적인 타자 베이브 루스Babe Ruth는 메이저리그 정규시즌 통산 2,503경기에 출전하여 2,873개의 안타와 714개의 홈런을 치며 통산 타율 3할 4푼 2리를 기록했다. 3할 4푼 2리는 0.342로, 즉 타석에서 공을 친 10번 중 대략 3번 정도는 홈런을 포함한 안타를 쳤다는 의미다. 야구에서 타율 3할은 매우 높은 수준이다.

데이터 분석도 마찬가지다. 매번 홈런을 칠 수는 없다. 그저, 3번 중 한 번은 박수를 받을 수 있게 늘 노력하는 게 중요하다.

데이터 분석에서의
'스토리텔링(Storytelling)'

스토리텔링에 대한 이해

'스토리텔링Storytelling'이라고 하면 무언가 대단한 서사敍事를 기대하거나 연상하는 사람들이 있을지 모르겠지만, **데이터 분석에서의 스토리텔링은 상대방에게 메시지를 잘 전달하기 위한 '구성' 혹은 '배치'** 정도로 이해하면 좋을 것 같다. 자신이 가장 핵심적으로 전달하고자 하는 '인사이트'를 위해 다른 여러 가지 분석 결과들을 어떻게 잘 배치할 것인지를 고민하는 것이다.

데이터 분석 결과를 전달하는 두 가지 방법

데이터 분석 결과를 누군가에게 전달한다고 생각해 보자. 전달하는 방법은 크게 두 가지다.

하나는 글자로만 작성해서 주는 방법이다. 이 경우 최대한 내용을 꼼꼼하게 적어야 한다. 강조하고 싶은 부분은 **굵게**bold 처리하거나 빨간색을 칠하기도 해야 한다. 논문을 생각하거나 잡지를 생각하면 이해가 쉬울 것이다.

다른 하나는 글자로 작성하되 말로 전달하는 방법이다. 말로 전달하기 위해 작성하는 문서는 글로만 전달하는 문서보다 한층 더 '인상 깊게(임팩트 있게)' 작성되어야 한다.

보통 문서를 작성할 때 〈기-승-전-결〉, 혹은 〈서론-본론-결론〉이 있어야 한다고 하는데, 그건 책을 쓸 때나 논문을 쓸 때처럼 글로만 전달하는 경우에 주로 해당한다. 남들 앞에서 발표하는 걸 **프레젠테이션**Presentation 혹은 줄여서 '**PT**'라고 하는데, 데이터 분석 결과에 대한 PT를 진행할 때는 단순히 정보를 얻기 위해서가 아닌, 어떤 의사 결정을 하기 위한 자리인 경우가 많다. 따라서 청중과의 교감이 상당히 중요하다.

이 분석이 얼마나 통계적으로 유의미한지, 이 분석 결과를 얻기 위해 어떤 분석 기법을 활용했고, 이 분석 기법이 얼마나 대단한 것인지, 얼마나 고난이도 분석인지는 **데이터 분석을 잘 모르는 사람에게는 따분한 얘기**일 수 있다.

데이터 분석가들이 듣기 싫어하는 말 1위

데이터 분석가들이 가장 많이 듣는 말 중 하나이면서 동시에 아주 싫어하는 말이 있다. "So What?(그래서 그게 무슨 말인데? 어쩌라는 건데? 결론이 뭐야?)" 이 말을 들으면 등에서 식은 땀이 난다. 만약 데이터 분석가들이 나의 이 발표를 들었다면 놀라서 박수를 칠지도 모를 일인데, 데이터 분석을 모르는 이 사람들은 나의 대단한 업적을 알아채지 못하고 바보 같은 질문만을 늘어 놓는다.

그런데 그런, **데이터 분석을 전혀 모르는 사람들이, 여러분이 데이터 분석가로서 가장 많이 만나게 될 사람들**이다. 스티브 잡스Steve Jobs가 처음 아이폰을 설명하던 프레젠테이션 영상을 본 적이 있는가? 아직 보지 못했다면 꼭 한 번 찾아보기를 바란다. 기술적인 용어 하나 없이 제품이 어떤 역할을 할 수 있는지 아주 쉬운 표현으로 설명해 찬사를 받은, 전설적인 프레젠테이션이다.

데이터 분석 보고서에도 〈기-승-전-결〉은 있을 수 있다. 다만, '기'에도, '승'에도 결론처럼 느껴지는 '임팩트 있는' 발견 요소가 들어가 있어야 한다. **가장 강조하고 싶고, 심혈을 기울여 발견한 내용이 가장 마지막에 있다면, 청중들이 마지막을 기대할 수 있는 '장치'들을 중간 중간 배치해서 분위기를 고조시켜야 한다.** 결론에 이르기까지 분위기를 고조시키는 것을 '빌드업build up'이라고 하는데, 결론만큼 이 빌드업이 상당히 중요하다.

빌드업이 약한 PT

앞서 분석했던 캠핑 시장을 예로 들어 보자. 먼저 전혀 빌드업 과정이 느껴지지 않는 PT는 이렇다.

> "지금부터 캠핑 시장을 분석한 결과를 말씀드리겠습니다. 데이터는 검색 데이터를 활용했고, 보시는 것처럼 검색 규모와 검색 추이, 키워드의 유사성에 따라 분석 대상이 되는 키워드들을 선별했습니다. 먼저 '캠핑' 키워드에 대한 검색 추이를 보시면 여름과 가을 등 시즌성이 존재했는데, 2020년 코로나19를 기점으로 크게 검색량이 크게 급증한 것을 보실 수 있습니다. 수치 상으로 분석해 보면 2019년 대비 2배 이상 증가한 수치입니다…."

틀린 건 없지만, 몰입도가 약할 수 있다. **PT의 성패는 교감에 달려 있다.** 그런데 안타깝게도 우리가 팔아야 하는 상품은 사람들이 어려워하고 낯설어 하는 '데이터'라는 것이다. 이래서 언제 하고 싶은 얘기를 다 하겠는가. 이제 빌드업 과정이 느껴지는 PT를 살펴보자.

빌드업이 탄탄한 PT

> "제가 캠핑 시장을 분석하면서 굉장히 특이한 점 하나를 발견했는데, 코로나19 전후로 시장이 2배 이상 커졌다는 것입니다. '당연히 그렇겠지, 코로나잖아~' 라고 말씀하실 분들이 계실 텐데 맞습니다. 저도 그렇게 생각합니다. 그런데 제가 놀란 건 '2배'라는 수치입니다.
>
> 시장이 2배가 커지려면 어떤 기준들이 충족이 되어야 할까요? 1번, 기존에 캠핑을 하던 사람들의 횟수가 늘었다. 그래서 제품을 더 많이 산다. 2번, 기존에 캠핑을 하지 않던 사람들이 시장에 들어왔다. 그래서 캠핑 제품을 사고 있다. 정답은?"

말로 전달하는 문서는 글로만 전달하는 문서 와 분석 결과의 배치부터 달라져야 한다. 문서 작성의 스토리텔링을 이야기하면서 PT를 하는 상황으로 이야기를 끌고 간

것은, 데이터 분석 결과를 전달하는 과정이 말로 하는 방식이든, 글로 하는 방식이든 누군가와 대화하는 방식을 고려해 정리되어야 한다고 말하고 싶었기 때문이다.

재미있는 영화를 추천할 때의 '기승전결'처럼

재미있게 본 영화를 친구에게 추천해 주는 상황을 떠올려 보자. 이야기에 기승전결이 있던가?

> *"지난 주에 그 영화 봤는데 재미있더라. 같이 본 친구도 원래 그런 영화*
> *안 좋아하는데 재미있었대. 거기 나오는 배우가 원래 섭외 대상이 아니었*
> *는데 감독한테 직접 전화해서 하게 된 거래. 액션 연습도 6개월인가 했다*
> *던데 잘 어울리더라. 약간 보기 힘든 장면이 있기는 한데 전반적으로 재*
> *미있어."*

이 이야기에 기승전결이 있다고 보이는가? 화자의 입장에서 보면 결론이 뒤에 있는 '미괄식'보다는 오히려 결론부터 이야기하는 '두괄식'에 가깝다. 그런데 듣는 사람이 말한 사람의 내용을 기억할 때는 어떨까? *기승전결이 있던 것처럼 느껴질 것이다.* 왜냐하면 기승전결의 순서를 갖춰야 기승전결이 있다고 기억하는 게 아니라, 기승전결이 모두 들어가 있고, 그 얘기가 공감이 되었다면 기승전결을 갖췄다고 느끼기 때문이다.

데이터 분석 결과를 전달할 때도 마찬가지다. **데이터 분석 결과를 가장 잘 전달할 수 있는 스토리텔링은 결국 분석가 본인이 가장 이야기하기 편한 형태로, 문서가 구성되어 있어야 한다.** 정석대로 차근차근 하나씩 분석 결과들을 풀어 놓는 게 자기 방식이 아니라면, 과감하게 바꿔야 한다. 자신이 데이터를 보면서 흥미로웠던 내용들을 중심으로 친구에게 이야기하듯 편한 형태로 구성하면 듣는 사람에게도 고스란히 전달되게 마련이다. **듣는 사람이 너무 지루하다고 느껴지는 문서나 발표의 대부분은 의외로 발표자 역시 지루해하고 있는 경우가 대부분**이라는 것을 명심하자.

말투와 글투

그런데 발표하는 사람이 가장 편한 형태의 이야기라는 것은 어떤 것일까? 우선 '말투'와 '글투'가 닮아 있어야 한다. 사람마다 각자의 '말투'가 있듯이 사람마다 각자의 '글투'도 있다고 생각한다. 그런데 말투와 다른 글투를 쓰면 발표를 하는 과정에서 흐름을 놓치기 쉽다. 나도 내가 쓴 문서의 내용이 빠르게 눈에 들어오지 않기 때문이다. 그래서 문서를 쓸 때 혹은 구성할 때 **자신이 가장 편하게 이야기할 수 있는 흐름을 잡고 말투와 닮은 글투로 최대한 작성해야 한다.**

'글투'를 말투와 비교하니까 어떤 분들은 전문 용어 대신 익숙한 단어를 쓰라는 것인지 묻는 분들이 더러 있는데, 말투에는 단어만 있는 것은 아니다. 접속사, 서술어, 수식어 등 나만이 가진 말투와 글투는 얼마든지 있다.

필자의 경우에는 실제로 분석 보고서를 작성할 때도 '용어의 어원'에 대한 이야기를 많이 한다. 그리고 예를 들어 설명하는 경우도 많다. 문장 속에는 '사실' '실제로' '그럼에도' 등의 표현도 많다. 일부는 너무 구어체처럼 보여서 조정을 하기도 하지만 초안을 작성할 때는 가급적 대화하듯이 쓴다.

문서의 구성

문서의 구성도 마찬가지다. 앞서 '가설'에 대한 설명에서 밝혔듯이 데이터 분석은 꼬리에 꼬리를 물고 가야 한다는 게 지론이라, **문서에서도 최대한 자신이 데이터를 분석했던 순서대로 배치하는 경우가 많다.** 어떤 분석 결과를 보던 청중이 "저 데이터를 보니 이런 내용도 궁금한데 다음 장에 나오겠지?"하고 기대하면 그 문서나 PT는 성공적이라고 말할 수 있다.

과거에는 데이터 분석 보고서를 작성할 때 업계에 통용되는 암묵적 관습 같은 게 있었다. 거시적인 분석 결과에서 시작해 점점 미시적인 분석 결과로 좁혀 가도록 구성하는 것이다.

예를 들어, 특정 기업이 신제품에 대한 소비자 반응 평가를 요청했다면 통상 이런 식으로 정리했다.

〈시장 환경 분석 – 시장 동향 분석 – 주요 경쟁자 분석 – 자사 위상 평가 – 신제품 반응 분석 – 요약 및 결론〉

그런데 **요즘은 특정 형식에 얽매이기보다 각자가 가장 잘 표현할 수 있는 방법대로 문서를 정리하는 편**인 것 같다.

기억하자. 스토리텔링에는 정답이 없다. 각자가 가장 잘 할 수 있는 방법으로 문서를 구성하고 정리하는 방법을 스스로 찾아야 한다.

4

보고서
글쓰기 방법

보고서 글쓰기 ① : 출처

앞의 '스토리텔링' 내용과 연결되는 것인데, 보고서에서 글쓰기는 매우 중요하다. 보고서에서 글을 쓰는 공간은 크게 3가지로 나눌 수 있다. 바로 '타이틀' '설명' '출처'이다. 이 3가지 중 '출처'는 말 그대로 자료에 대한 출처를 적는 것인데 '글쓰기'라고 명명하기도 민망할 정도로 단문이기는 하지만, 의외로 이 '출처'를 놓치는 경우가 많아 굳이 3가지로 포함시켰다.

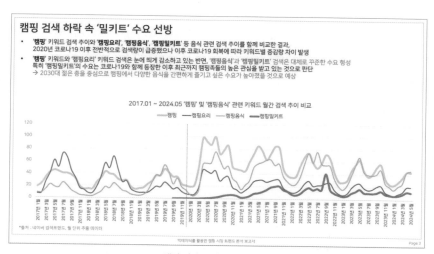

▲ 캠핑 시장 분석 보고서 작성 예시

누구나 다 아는 **사내 데이터를 활용할 때도 출처를 적어야 하는지** 궁금해하는 분들이 계신데, 데이터 분석에서의 출처는 '어디에서 자료를 가지고 왔다'는 의미 외에도 '어떤 조건으로 데이터를 추출했는지' 등의 의미가 있다.

동일한 저장 공간에서 데이터를 추출했다고 하더라도 어떤 변수와 어떤 변수를 교차해서 데이터를 추출했는지 등을 기재해 놓으면 시간이 흘러서 보고서를 봤을 때 데이터 구조를 식별하기가 쉽다. 필자의 경우는 출처를 적는 공간을 보고서의 왼쪽 하단에 동일하게 정해 놓고 기재하는 편인데 가급적 구체적인 정보를 적어 놓는다.

보고서 글쓰기 ② : 출처

다음으로 가장 중요한 글쓰기는 '타이틀'이다. 예시 이미지로 보면 **보고서의 맨 위에 있는 굵고 큰 글씨**에 해당한다. "타이틀만 보고도 보고서의 내용을 알 수 있게 작성해라."라는 말이 있다. 실제로 보고서를 받았을 때 처음부터 설명 내용까지 꼼꼼하게 보는 사람은 거의 없다. 대부분이 보고서의 페이지를 넘기면서 상단의 타이틀만 보고 눈에 띄는 부분이 있으면 구체적인 설명을 읽는다.

타이틀만 보고도 보고서의 내용을 알 수 있게 하려면 해당 페이지에서 가장 주장하고 싶은 혹은 발견한 핵심 내용이 쉽고 간결한 어조로 담겨 있어야 한다. 여기에는 **데이터를 단순하게 읽는 것을 넘어서 해석이 담겨 있으면 더 좋다.**

이때 주의할 것은 해당 페이지의 내용을 모두 포괄하는 문장을 적을 필요가 없다는 것이다. 여러 가지 내용 중에 가장 강조하고 싶은 부분을 적으면 된다. 모든 내용을 포괄하는 문장을 적으려고 하면 할수록 타이틀의 내용은 밋밋해지고 아무 의미가 담기지 않게 된다.

보고서를 처음 쓰는 사람들이 흔히 하는 또 다른 실수는, 타이틀에 차트의 제목을 그대로 쓴다는 것이다. 예를 들면 예시 페이지의 차트 제목인 '캠핑 및 캠핑음식 관련 키워드 비교 분석'을 그대로 타이틀에 쓴다. "정말? 설마! 말도 안돼~"라고 생각할지 모르겠지만 정말이다. 필자가 진행한 강의에서 적어도 70~80%의 학생들이 차트 제목을 타이틀에 쓴다. 심지어 차트 제목에도 동일한 내용이 들어가 있는데 말이다.

보고서의 타이틀은 쓰는 방법을 알고 있다고 써지지 않는다. 단순히 데이터의 증감을 읽지 않고 해석을 포함시키려면 전체 보고서의 맥락이 내 머리에 들어와 있어야 한다. 그리고 전달하고자 하는 메시지가 분명해야 같은 얘기를 반복하지 않고 쓸 수 있다. 또 페이지의 앞뒤가 연결될 수 있게 타이틀을 작성해야 한다. 보고서를 읽는 사람이 페이지를 넘기면서 타이틀만 본다는 것을 가정하고 하나의 흐름으로 이어지게 만들어야 자신이 작성한 내용이 잘 전달될 수 있다.

보고서 글쓰기 ③ : 설명

마지막으로 '설명'은 해당 페이지 안에서 읽을 수 있는 내용들을 최대한 다양하고 구체적으로 적어야 한다. 처음에 익숙하지 않을 때는 **최대한 3개의 이야기를 한다는 목표를 가지고 적어 보는 것이 좋다.** 그리고 3개의 이야기가 큰 이야기에서 점점 작은 이야기로 좁혀가도록 작성하는 연습을 하면 나중에 익숙해지고 나서 다양한 방식으로 쓸 수 있을 것이다.

예를 들면,
① [첫 줄] 전체 데이터의 흐름을 읽는다.
② [두 번째 줄] 전체 흐름에서 최근의 데이터 변화를 읽는다.
③ [세 번째 줄] 흐름과 상관없이 눈에 띄는 부분을 읽는다.

그리고 마지막 세 번째 줄 설명문에서는, 다음 장으로 넘어가기 위한 장치를 넣는 것도 좋은 작성 방법이다. 바로 다음 장을 위한 내용이 아니더라도, 이 보고서에는 이런 내용들을 담길 것이라는 암시를 내비쳐도 좋다. 예시에서 **'2030 젊은 층을 중심으로 캠핑에서 다양한 음식을 간편하게 즐기고 싶은 수요가 높아졌을 것으로 예상'**이라고 적은 부분이 그런 의도가 담긴 표현이다.

또 설명을 적을 때는 단순히 데이터가 증가하고 있다, 감소하고 있다는 '데이터 읽기'를 넘어, 데이터의 상승과 하락은 이런 의미가 담겨 있다든가, 자신이 보기에 이런 특징이 있다든가, 이런 부분을 눈여겨봐야 한다 등의 '데이터 해석'을 함께 담아야 한다.

그 외에도 문장에서 강조하고 싶은 부분을 '굵게' 표시하거나 '색상'을 다르게 해서 눈에 띄게 하는 것도 중요하다. 'User Friendly'라는 말이 있다. '사용자 친화적인' 정도의 뜻인데, 필자는 보고서를 읽는 사람 입장에서 작성해야 한다는 것을 강조하기 위해 사용한다.

줄바꿈 시각화

문장의 길이를 보기 좋게 정렬하는 것도 가독성을 높이는 비결이다. 보고서는 책을 쓰거나 논문을 쓰거나 기사를 쓰는 것과 다르다. 적당한 줄바꿈이 있어야 가독성이 좋아진다. 아래 예시를 보자.

- '캠핑' 키워드 검색 추이와 '캠핑요리', '캠핑음식', '캠핑밀키트' 등 음식 관련 검색 추이를 함께 비교한 결과, 2020년 코로나19 이후 전반적으로 검색량이 급증했으나 이후 코로나19 회복에 따라 키워드별 증감량 차이 발생
- '캠핑' 키워드 검색 추이와 '캠핑요리', '캠핑음식', '캠핑밀키트' 등 음식 관련 검색 추이를 함께 비교한 결과, 2020년 코로나19 이후 전반적으로 검색량이 급증했으나 이후 코로나19 회복에 따라 키워드별 증감량 차이 발생

▲ 글쓰기 시 줄바꿈 예시

동일한 두 개의 설명글이 있는데, 첫 번째 글은 줄바꿈을 하지 않은 것이고, 두 번째 글은 줄바꿈을 한 내용이다. 어떤 게 더 가독성이 좋아 보이는가? 대다수의 사람들이 '두 번째' 글을 고를 것이다.

두 번째 설명글이 더 보기 좋다고 느껴지는 이유는 몇 가지가 있다.

우선 줄바꿈으로 인해 오른쪽에 공간, 즉 '여백餘白'이 생겼기 때문이다. 적당한 여백은 심리적인 안정감을 준다. 데이터 분석 결과를 검사받던 시절, 항상 선배들이 해 준 조언이 있다. "여백의 공포에서 벗어나라." 좀 더 정확히 말하면 여백이 있으면, 즉 문서에 빈 공간이 있으면 안 될 것 같은 공포에서 벗어나라는 것이다. 무언가를 가득 채우려면 할수록 가독성은 오히려 떨어진다. 그래서 필자는 보통 전체 길이에서 3분 2 지점까지 내용을 적고 오른쪽 공간을 비워 둔다.

두 번째가 더 좋아 보이는 또 다른 이유는, 문장의 '첫 줄'과 '둘째 줄'의 내용이 분리되는 지점에서 줄바꿈을 했기 때문이다. 줄바꿈을 해야 하는 자리는 첫 줄의 내용이 어느 정도 일단락되는 지점이어야 한다.

앞의 예시로 보면, 첫 줄에서 줄바꿈을 한 자리가 '~비교한 결과'로 한 문장의 내용이 일단락되는 지점이다. 첫 줄의 내용은 어떤 기준으로 비교했다는 것이고, 둘째 줄의 내용은 그래서 어떤 결과가 나왔다는 내용이다. 만약 첫 줄의 '음식 관련 검색 추이를 함께'에서 줄바꿈을 하고, 둘째 줄의 첫 문장을 '비교한 결과~'로 시작했다면 읽는 사람은 첫 줄의 내용이 온전히 끝나지 않은 상태에서 둘째 줄의 처음으로 시선을 옮겨 두 내용을 붙여야 하기 때문에 불편함을 느낄 수 있다.

아주 잠깐의 순간이겠지만, **이런 불편함이 쌓이면 보고서에 대한 부정적 평가로 이어질 여지도 있다.** 비즈니스에서는 작은 균열도 조심해야 한다.

문장 길이 일치

비슷한 측면에서 노력해야 하는 게 또 하나 있다. 문장의 '첫 줄'과 '둘째 줄'의 '문장 길이'를 비슷하게 맞춰야 하는 연습을 해야 한다. 문장의 길이가 비슷하면 보는 사람이 심리적으로 안정을 느낀다. 필자는 첫 줄과 둘째 줄의 길이를 아예 동일하게 맞추거나 아니면 짧은 쪽을 긴 쪽의 80% 이상까지 맞춘다.

문장의 길이를 맞추려면 어떻게 해야 할까? 긴 문장을 줄이거나 짧은 문장을 늘려야 한다. 내용은 동일한데 문장의 길이를 조절하려면 접속사를 추가하거나 쉼표를 추가하거나, 서술어를 조절하거나 아니면 아예 유사한 대체 단어를 찾거나 혹은 문구 일부의 위치를 바꾸는 등의 시도를 해야 한다.

이 과정에서 문장이 한층 더 매끄럽게 수정되는 것은 물론, 사용하는 어휘도 풍부해지고 생각의 구조도 잘 잡히게 되며, 나아가 자연스럽게 생각의 깊이도 깊어진다. 이걸 우리는 '문해력(文解力)'이라고 한다. '글을 읽고 이해하는 능력'인데, 요즘은 '데이터 문해력'이라는 말도 많이 쓴다. 데이터를 기술적으로 분석하는 것을 넘어, **데이터를 잘 설계하고 해석하는 능력**을 일컫는 말이다. 문해력이 '글을 읽고 이해하는 능력'이라고 하지만, 글만 읽어서는 안 된다. 직접 써 보고 고쳐 보면서 생각의 경계를 조금씩 넓혀 가야 한다.

어휘력

'어휘'에 대해서도 짚어 보자. 문장을 쓰기 어려운 큰 이유 중 하나가, 알고 있는 단어가 풍부하지 않아서다. 아직 전문 용어를 모르는 거야 당연하겠지만, 경험상 초보자들은 문장을 끝맺는 걸 가장 어려워한다. 정확히 얘기하면 서술어를 어떤 식으로 표현할지를 어려워한다.

존댓말로 해야 할지, 반말로 해야 할지를 헷갈려 하거나 문장을 '~인 것 같음' '~임' '~함' 등의 표현으로 맺는 경우가 유독 많다. 문장은 서술어가 아닌 '명사'로 끝내는 연습을 해야 한다. 예를 들어 '~로 보임'이라는 표현은 '단정짓기는 어렵지만 그런 것 같다'는 정도의 뉘앙스다.

이 표현을 한 마디로 표현할 수 있는 '명사'는 무엇일까? '판단'이다. '판단'으로 바꾸라고 했더니 '판단됨'이라고 다시 서술어의 축약 표현을 덧붙이는 사람들이 있다. 전혀 그럴 필요가 없다. 그냥 '판단' 한 단어면 충분하다.

그런데 보고서의 모든 설명글에 '판단'을 붙이는 건 부담스럽다. '~로 보임'보다는 한층 간결하고 전문가처럼 보일 수 있는 단어이기는 하지만 반복되면 지루하다. 그럴 때 비슷한 의미를 가진 여러 단어들을 알고 있으면 도움이 된다. '예상' '예측' '추정' '추정 가능' 등. 이 중에는 유사한 의미의 단어도 있고 다소 결이 다른 단어도 있다. 그래서 각 단어의 사전적 의미와 쓰임새를 익히고 각 단어의 차이나 뉘앙스를 구분해 보고서에 사용하는 게 가장 좋다.

단어의 미세한 차이를 알고 사용하게 되면 자신이 말하고 싶은 내용을 구체적으로 전달할 수 있으며, 이런 어휘력은 글을 쓸 때뿐만 아니라 말을 할 때나 생각을 할 때도 많은 도움이 된다.

어휘력과 관련해서 필자가 빈번하게 드는 예시가 있다. **'미장센**mise-en-scène'이라는 단어의 사용성이다. 미장센은 보통 영화의 미술 효과나 장치 등 시각적 요소를 설명할 때 주로 사용하는 용어인데, 이제는 대중적으로도 널리 쓰이고 있는 단어다. 미장센이라는 단어를 모를 때는 영화 분위기를 설명하는데 한참 걸렸을 것이다. 그런데 미장센이라는 단어를 알게 되면 서로 그 단어 하나로 간결하고 명확한 소통이 가능하다. 어휘는 그런 것이다.

보고서를 쓸 때 중요한 글쓰기 방법에 대해 이야기해 보았는데, "이런 것까지 신경 써야 돼?"라고 생각할지도 모르겠다. 그런데 안타깝게도 그렇다. **이런 세세한 것까지 신경을 써야 우리가 하고 싶은 말을 제대로 듣게 할 수 있다.** 그리고 이런 세세한 것들은 가급적 초보일 때, 습관이 될 만큼 숙지하고 훈련하는 것이 좋다.

필자는 아직도 보고서를 쓸 때 컴퓨터 한 켠에 사전을 켜 놓고 내가 하고 싶은 말에 가장 부합하는 단어들을 찾는다. 말로는 익숙하게 사용했던 표현이더라도 글로 쓸 때는 그 의미가 맞는지 몇 번이고 검증한다. 그 시간이 차트 하나를 그리는 것만큼의 시간이 걸리더라도 그게 결국 나의 말이 되고 생각이 될 거라는 걸 알고 있으니까.

아주 쉬운 데이터
분석 독학 방법

데이터 분석에 대한 감을 익히는 가장 빠른 방법

네이버에서 제공하는 '검색광고' 사이트나 '데이터랩' 사이트에서 데이터를 추출해 다양한 방식으로 분석을 해 보는 것이 가장 좋지만, 막상 혼자 아무 가이드 없이 데이터를 분석하려고 하면 막막할 것이다. 데이터 분석 기법을 몰라서가 아니라 '접근 방식'에 대한 감이 없어서다.

데이터 분석에 대한 감을 익히는 가장 빠른 방법이 있다. 게다가 돈을 받으면서 하는 훈련이고 훈련 과정이 생각보다 지루하지도 않으며, 실제 마케팅으로 활용될 가능성이 높은 데이터 분석 과정을 들여다보는 묘미가 있다. 데이터 분석에 대한 감을 익히기 위해서는 다른 사람의 데이터 분석 과정을 참고하는 것만큼 좋은 자료가 없다.

패널 조사

네이버에 '패널조사'라고 검색하면 많은 회사들이 나오는데, 패널 조사Panel Research 는 온라인 조사 업체들이 일반 소비자를 자사의 '패널(회원)'으로 가입시켜 다양한 마케팅 조사들을 수행하는 방식을 말한다. 그러니까 패널조사 업체에 패널로 등록되면 다양한 마케팅 조사에 응답할 수 있는 것이다.

마케팅 조사는 웹 브라우저를 통해 제공되며 설문지 방식으로 진행된다. 주어진 각 질문에 해당되는 것을 선택(클릭)하거나 간단한 문장을 직접 적어 넣으면 된다. 조사 시간은 1건당 짧게는 4~5분, 길게는 10~20분 정도가 소요되며 설문 길이에 따라 받는 금액도 달라진다. 금액은 몇 백 원 단위부터 몇 천 원 단위까지 다양하고 설문 요청은 비정기적으로 등록한 이메일을 통해 받는다. 한 회사만 가입하지 말고 여러 회사에 가입해서 주어진 설문에 응답하다 보면, 많지는 않지만, 돈을 받는 경우도 있다. 또한 실제 마케팅에 활용될 설문지에 응답함으로써 데이터 분석가가 설계해 놓은 설문지가 어떻게 구성이 되어 있는지를 살펴볼 수 있다.

물론 설문지를 통한 데이터 수집과 분석이 빅데이터 영역은 아니다. 하지만 **데이터 규모가 크든 작든 분석에 접근하는 방식이나 분석가의 관점은 동일하다.** 또한 설문 조사 기법은 오랜 역사만큼, 축적된 노하우가 체계적으로 잘 정립되어 있는 분야라 **데이터 분석을 처음 시작하는 사람에게 매우 유용하다.** 그리고 다양한 산업 분야에 대한 조사를 수행할 수 있기 때문에 각 산업에서 궁금해하는 내용이 무엇인지도 유추할 수 있다.

> **요약** **패널 조사 참여를 통한 데이터 분석 훈련의 장점**
> • 다양한 노하우가 축적되어 있어 데이터 분석을 처음 시작하는 사람에게 매우 유용
> • 다양한 산업 분야에 대한 배경 지식과 데이터 요구 사항을 경험하기에 유리
> • 많지는 않지만 설문 조사 참여에 대한 보상을 받을 수 있음

질문의 순서를 통한 분석가의 의도 파악하기

온라인 설문에 참여하게 되면 이 설문지를 구성한 데이터 분석가의 입장에서 생각해 보는 연습을 하자.

이 질문은 어떤 대답을 듣기 위해 만들어진 것일까? 이 질문은 어떤 분석 기법으로 해결할 수 있을까? 나라면 어떻게 질문을 구성했을까? 이 질문을 어떠한 문장으로 물어봤을까? 보기 항목은 어떻게 구성했을까? 등의 생각들을 하면서 설문에 임하다 보면, 어렴풋하게라도 분석가의 의도를 유추할 수 있게 되는 때가 올 것이다.

한 가지 더 주의 깊게 봐야 할 것이 있다. 바로 질문의 '순서'다. 빅데이터는 개별로 기록된 데이터를 분석하는 반면, **온라인 설문 조사는 한 사람에게 여러 가지 질문을 하는 방식**

이다. 그래서 질문의 순서가 매우 중요하다. 일례로 우리 브랜드가 무엇인지를 설문지에서 최대한 뒤에 노출한다. 우리 브랜드가 무엇인지를 처음부터 알면 대답을 하는 과정에서, 해당 브랜드를 인식한 나머지 솔직하지 못한 대답이 나올 수도 있기 때문이다. 그래서 어떤 질문이 가장 처음에 나왔는지, 그리고 질문이 어떻게 점점 좁혀가는지를 생각하면서 응답하다 보면 자연스럽게 데이터 분석에 대한 감을 익힐 수 있다.

그리고 잘 짜인 설문지는 그 순서대로 보고서가 되기도 한다. 한 사람이 순서대로 응답한 내용이라는 것은 의식의 흐름을 내포하기도 해서 해당 순서로 보고서를 작성해도 크게 무리가 없는 경우가 있다. 질문 순서가 그대로 보고서가 되기도 한다는 것은, 바꿔 말하면 우리가 그 과정을 통해 데이터 분석 보고서를 작성하는 방법을 배울 수도 있다는 얘기가 된다.

필자는 아직까지도 개인 이메일을 통해 여러 회사로부터 온라인 조사 설문지를 받는다. 데이터를 처음 배우던 신입 사원 때부터 시작했으니 얼추 20년 가까이 이메일을 받고 있는 것이다. 물론 매번 설문지를 작성하지는 않는다. 타깃이 되는 시장이 많이 없어서인지 이메일을 받는 횟수가 많이 줄기도 했고, 이메일을 받는다고 해도 예전처럼 열성적으로 참여하지도 않는다.

그래도 여전히 한두 번 시간이 날 때는 조사에 참여해 다른 데이터 분석가의 의도를 읽기도 하고 시장에서 궁금해하는 내용을 캐치Catch하기도 한다. **특히 잘 모르는 시장의 경우, 질문에 제시된 보기 항목들을 참고하면 별도의 자료 조사 시간을 현저히 줄일 수도 있다.**

그런데 노파심에서 하는 말이지만, 데이터를 공부한다는 핑계로 해당하지도 않는 설문지에 무분별하게, 거짓말로 응답하면 안 된다. 우리가 아무렇게나 하는 응답 하나가 이름 모를 어느 데이터 분석가의 야근으로 이어질 수 있다는 것을 명심하자. 데이터 분석가를 꿈꾸는 입장에서 나와 같은 길을 가고 있는 누군가에게 해가 되는 행동은 절대 해서는 안 된다.

그리고 데이터 분석가의 의도를 알아채는 것은 '데이터 분석가' 입장에서만 생각하면 절대 알 수 없다. 우리 자신 역시 소비자라는 점을 잊지 말아야 '나 같으면 이렇게 할텐데…' 같은 비판적 사고가 발동될 수 있다. 국어 시간에 배운 것을 잊지 말자. 작가의 의도를 파악하기 위해 가장 중요한 것은, 독자로서의 본분을 잊지 않고 작품에 대한 감흥을 먼저 느껴야 한다는 것을.

부록 : 데이터 분석가를
꿈꾸는 사람들에게

데이터 분석가라는
직업의 장단점

데이터 분석 직무의 장점

어떤 강의에서 "빅데이터 분석가의 장점이 무엇일까요?"라고 물었더니 "연봉이요!"라는 대답이 돌아왔다.

예상치 못한 대답에 잠깐 당황했는데, 생각해 보면 많은 사람들이 그런 환상이나 기대를 가지고 있는 것 같다. 하지만 단언컨대, 그게 직업의 장점이 될 만큼 보편적이지는 않다. 연봉은 돈을 많이 버는 회사에 들어가면 많이 받고, 그렇지 않은 회사에 들어가면 적게 받는다. 어떤 직업이든 마찬가지다.

필자가 생각하는 첫 번째 장점은, '새로운 분야'라는 것이다. 물론 완전히 새롭다고 하기에는 시간이 조금 흘렀지만 그래도 다른 직업들에 비하면 아직 '신생아' 수준이다. 빅데이터라고 부르는 다양한 데이터들의 분석 기법이 온전히 정립된 것도 아니다. 아직 연구되어야 할 요소가 많이 남아 있다는 얘기다.

두 번째 장점은, '국내 사정과 해외 사정이 크게 다르지 않다'는 것이다. 데이터 분야는 국내보다 미국의 역사가 훨씬 깊어 대략 40여 년의 차이가 나는데, 빅데이터 분야만 놓고 보면 우리나라와 미국의 역사가 크게 차이 나지 않는다. 물론 빅데이터를 보유하거나 활용하는 기술력에서는 큰 차이가 나겠지만, **빅데이터를 분석해서 인사이트를 발굴하고 마케팅 등 현실에 접목하는 부분은 상대적으로 큰 차이가 없다고 생각된다.**

필자가 최근 몇 년간 몰두하고 있는 온라인(디지털) 광고 데이터가 그렇다. 온라인 광고를 운영하는 건 국내나 해외나 마찬가지고 온라인 광고를 통해 축적되는 데이터의 종류도 비슷하다. 그런데 국내나 해외나 온라인 광고 운영 데이터의 활용은 상당히 한정적이다.

빅데이터의 존재를 대중적으로 알리는데 가장 크게 기여한 **'소셜 데이터**Social Data**'**, 즉 SNS상에 기록되는 수많은 '데이터Text Data' 역시 아직까지 키워드를 뽑아 내는 정도의 단편적인 분석만이 이뤄지고 있는 실정이다.

마지막 세 번째 장점은, 다양한 기업들과 일을 하다 보니 '기업들이 가진 고민들을 들을 수 있는 기회'가 많다는 것이다. 어떤 제품을 출시하고 어떻게 인기를 얻게 되는지, 또 어떻게 시장에서 사라지는지 등을 곁에서 볼 기회가 많기 때문에 트렌드에 민감해질 수밖에 없다.

데이터 분석 직무의 단점

반대로 데이터 분석 직무의 단점은 크게 네 가지를 꼽을 수 있다.

첫 번째 단점은, '챗GPT'로 대표되는 '인공지능의 등장'이다. 과거에는 엑셀이나 SPSS 등의 통계 분석 프로그램으로 하던 걸 빅데이터가 등장함에 따라 코딩이 대체했고, 이제는 챗GPT에 데이터를 업로드만 하면 몇 초 만에 다양한 결과를 보여 주는 시대가 되었다. 물론 이 책에서도 간간이 언급했듯이, 아직 완전히 신뢰할 수는 없다. 하지만 6개월 후, 1년 후, 3년 후가 되면 어떨까? 아마 이 책에 담긴 대부분의 오류들이 해결되어 있을 것이다. 결국 시간의 문제다.

인공지능이 데이터 분석 직무를 대체할 수 있을까? 물론이다. 챗GPT 등장 이전에는 갑론을박이 있었지만, 지금은 누구도 그 질문에 쉽게 반박할 수 없을 것이다. 비단 데이터 분석뿐만이 아니다. 디자인 제작, 소프트웨어 개발, 마케팅, 카피라이팅, 인사 노무, 재무 회계 등 전 분야에 걸쳐 챗GPT를 포함한 인공지능이 영향을 미치게 될 것이다.

챗GPT 등장 초기, 미국의 한 카피라이터가 배관공이 되었다는 소식이 국내에도 많이 보도되었다. 당시에는 "그럼 육체 노동을 하는 직업을 선택해야 할까?"라는 생각을 했지만, 1년 동안 인공지능 시대를 살아 보며 깨달았다. "배관공, 용접 분야라고 괜찮을까?"

챗GPT 등장에 탄력을 받아 급성장 중인 분야 중 하나가 로봇 산업이다. 챗GPT 덕분에 인간과 자연스러운 대화가 가능하고, 미세한 힘 조절로 달걀을 잡을 수 있으며, 인간이 할 수 없는 다양한 자세나 행동이 가능하다. 기술력이 좋아지면 가격은 당연히 저렴해질 것이다. 그러면 기업뿐만 아니라 가정에도 걸어 다니는 로봇이 들어올 것이다. 로봇 청소기가 아닌 진짜 로봇이 진공청소기를 들고 돌아다닐지 모른다.

챗GPT가 데이터 분석을 꽤 빨리 대체할 수 있을 것 같다는 우려가 드는 지점이 한 가지 더 있다. **챗GPT는 데이터를 분석해 주는 것뿐만 아니라 '쉽게 설명'해 주는 게 가능하다. 몇 번을 반복해서 물어도 짜증내지 않고 잘 대답해 준다.** 데이터를 읽어 주고 해석해 주는 것을 넘어서 단어 하나하나까지 어원과 의미를 다양한 사례로 설명해 준다.

이 책의 출판사인 '디지털북스'에서 출판한 책 중에 『오늘도 개발자가 안 된다고 말했다』(김중철·김수지 저, 디지털북스, 2021)라는 제목의 책이 있다. 너무 공감 가는 제목이라 기억에 남는데, 개발자 분들과 협업을 해 본 직장인이라면 아마 대부분 공감할 것이다. 개발자 분들을 부정적으로 얘기하려는 게 아니다. 디자인 작업을 하시는 분들도 늘 안 된다고 얘기하고, 데이터 분석가도 안 된다는 얘기를 달고 산다.

협업 부서에게 업무 요청을 받을 때, 분석 일정은 고작 2~3일 주면서, "인사이트를 뽑아 주세요!" 하면 "인사이트는 그렇게 나오는 게 아니라…"는 부정적인 대답부터 하게 된다. **오늘도 데이터 분석가는 안 된다고 말하고 싶다.** 어디서부터 어떻게 설명을 해서 납득을 시켜야 할지 몰라, 일정이 부족하다는 말만 되풀이하다가 회의가 끝나는 경우도 허다하다.

그런데 챗GPT는 그런 말을 하지 않는다. 개발 관련 지식을 물어도, 디자인 수정을 계속 요구해도, 데이터 분석을 마구잡이로 시켜도 단 몇 초 만에 대답을 내놓는다. 필자는 어려운 개념을 물어볼 때 대부분 '초등학생도 알 수 있게'라는 식의 문구를 붙이는데 챗GPT가 예시를 정말 잘 들어 설명해 준다.

회사에서 일을 하다 보면, 서로 다른 지식과 경험, 배경을 가진 전문가들이 협업하는 경우가 매우 많다. 그래서 직급이 올라가면 이런 저런 회의만 참석하다 하루가 끝

날 때도 있다. 그런데 회사에서 겪는 스트레스의 대부분은 사람과 사람 사이에 일어나고, 그 중심에는 회의가 있다. 그만큼 소통이 중요한데 챗GPT를 사용하면 많은 부분이 해소가 될지 모른다. 전화하기 싫어서 카톡으로 대화하는 수요를 생각하면, 챗GPT가 아직 한 사람 분량의 일을 해내지 못하더라도, 감안하고 쓸 만한 충분한 이유가 되지 않을까.

데이터 분석을 잘하는 것도 중요하지만, 잘 설명하는 것도 참 중요한 일이라는 것을 매번 깨닫는다.

그런데 챗GPT에게 데이터 분석을 시키더라도 최소한의 지식은 있어야 한다. 데이터를 어떻게 정제하고 가공할지, 또 어떤 분석 기법을 사용할지 결정하거나 도출된 내용이 잘못 계산되지는 않았는지, 보완할 점은 없는지 등을 검토하는 정도의 지식과 경험이 필요할 것이다. 결국 챗GPT를 사용하더라도 데이터에 대한 공부는 필요하다.

두 번째 단점은, '야근에서 자유로울 수 없다'는 것이다. 데이터 분석은 9시에 출근해서 6시까지 책상에 앉아 있는다고 해결되는 업무가 아니다. 단순히 기술적으로 분석 코드를 돌릴 때야 모르겠지만, **데이터 분석 업무 중 많은 비중을 차지하는 게 어떻게 하면 원하는 결과가 나올까를 고민하는 시간이다.** 아침에 풀리지 않던 숙제가 오후 5시쯤 번뜩이면 그 날은 자연스럽게 야근이다.

세 번째 단점은, '꾸준히 공부가 필요한 직업'이다. 빅데이터 분야는 이미 식상하다고 할 정도로 대중화되기는 했지만, 학문적 관점에서 보면 여전히 시작 단계에 있다. 새로운 데이터들이 계속 생겨나고 새로운 분석 방법도 계속 생겨나는 중이다. 숫자로 된 데이터나 텍스트Text 데이터는 익숙할지 몰라도 이미지 데이터나 영상 데이터는 아직도 흔하게 볼 수 없다. 빅데이터를 적용하는 분야도 점점 확장되고 있고, 인공지능의 등장에 따라 데이터 형태가 어떻게 바뀔지도 모를 일이다. 연차가 쌓였다고 많이 안다거나 잘 한다는 보장이 없는 분야라는 얘기다. 그래서 늘 시간을 할애해 공부를 해야 하는 직업이다.

예전에 다른 직무에 계신 한 선배님이 "너도 이제 연차가 쌓여서 알고 있는 걸 써먹는 거지, 새로운 건 없잖아?"라는 질문을 했다. 그 얘기를 듣고 생각한 건데, 안타깝게도 별로 그런 적이 없는 것 같다. **필자는 늘 자신이 알고 있는 것들을 넘어서면서 살았다.** 노력형이어서가 아니라 처한 상황이 그리고 시대가 계속 변했기 때문이다. 지금 이 책을 쓰고 있는 것만 해도 기존에 알고 있던 지식을 활용하는 것보다 새롭게 접하고 공부하면서 나누는 것에 가깝다. 그러니 이 책을 읽고 있는 당신도 각오해야 하는 부분이다.

네 번째 단점은, '취업문이 좁다'는 것이다. 구직 사이트에 올라온 공고들을 보면 요구하는 스펙이 상당하다. 단순히 학벌을 따지는 게 아니라 어떤 요건들이 필요한지 세밀하게 적혀 있다. 어떤 코드들을 다룰 수 있는지, 어떤 분석 플랫폼을 이용해 봤는지, 어떤 종류의 데이터를 다뤄 봤는지 등. 심지어는 석사 이상만 뽑는 경우도 적지 않으니 취업을 해야 하나 대학원을 가야 하나 고민도 많이 될 것이다.

시장 초기에 모집 공고를 봤을 때는 기업들이 아직 자사에 필요한 요건들을 잘 정의하지 못하고 있다는 느낌을 받았었는데, 요즘 보면 기업들도 그간 경험과 노하우가 쌓여서인지 필요한 요건들이 한층 더 명확해지고 다양해졌다.

필자는 빅데이터가 대중화되기 전부터 데이터 분석을 하고 있었기 때문에 대부분의 역량을 회사에 다니면서 배웠지만, 요즘은 다양한 역량을 입사 전에 배워야 하기 때문에 학교 수업이나 직장 생활과 병행하기가 쉽지 않을 것이다.

장점과 단점을 보면 이 길을 가야 하나 싶을 수도 있겠지만, 어느 직업이나 장점과 단점은 있다. 그리고 지금은 세상이 급변하는 시기다. 모두 다 혼란스러울 수밖에 없다. 주어진 환경 안에서 각자가 새로운 방향을 모색할 수밖에 없다.

[요약] 데이터 분석 직무의 장단점

[장점]
- 발전 가능성이 높은 새로운 분야다.
- 국내와 해외의 격차가 다른 산업 대비 크지 않다.
- 기업들이 가진 고민을 들을 수 있는 기회가 많다.

[단점]
- 데이터 분석 영역을 넘보는 인공지능이 등장했다.
- 늘 고민이 필요하므로 야근에서 자유로울 수 없다
- 새로운 분야인 만큼 꾸준히 공부가 필요한 직업이다.
- 아직까지는 요구하는 스펙이 상당해 취업문이 좁다.

이력서, 자기소개서, 포트폴리오 꿀팁

신입이든, 경력직이든 데이터 분석 직무에 지원하기 위해서는 보통 '이력서'와 '자기소개서' 그리고 '포트폴리오Portfolio'를 함께 제출하는 경우가 많다. 그래서 이에 대한 얘기를 조금 해보려고 한다.

이력서 작성 방법

이력서에 대한 팁은 간단하다. **주어진 공간 안에서 최대한 내용을 쉽고 구체적으로 쓰는 게 중요하다.** 대부분의 지원자들이 자신이 했던 프로젝트에 대해 '전문 용어'로만 기재하는 경우가 많은데 이는 크게 도움이 되지 않는다. 왜냐하면 사용하는 전문 용어의 범위가 너무 넓기 때문이다.

예를 들어, '머신러닝 기법을 활용한 ○○ 프로젝트를 수행'이라고 기재하고 아무 설명이 없다면 아무리 전문가라고 하더라도 한 번에 이해하기가 쉽지 않다. '머신러닝'이라는 용어가 광범위하게 사용되기 때문이다. 마치 '파워포인트를 활용한 보고서 작성'이라고 적는 것과 비슷하다. 파워포인트를 할 줄 아는지 모르는지가 선정 기준이라면 적합하겠지만, 보고서를 작성할 줄 아는 사람인지를 평가하는 자료로는 부족하다.

본인이 어떤 프로젝트를 수행했는지와 함께 어떤 결과를 얻었고 어떤 부분에 기여했는지, 혹은 조금 더 **구체적으로 이해할 수 있는 프로젝트 성격이나 특성을 기재하는 게 좋다.** 물론 이력서의 공간은 한정되어 있다. 그리고 그런 얘기는 자기소개서나 포트폴리오를 통해 자세하게 기재해 놓으면 된다고 생각할지도 모르겠다. 하지만 이력서는 자기소개서와 포트폴리오를 꼼꼼히 살펴볼 가치가 있는지 평가하는 첫 관문이다. 최대한 구체적이고 호기심이 들게 만드는 요소가 있어야 한다.

자기소개서

자기소개서는 **자신이 어떤 사람인지를 아주 구체적으로 어필할 수 있는 공간**이다. '어떤 사람'이라는 것은 자신이 어떻게 자라왔고 얼마나 리더십이 있는지, 어떤 성격인지를 보여 주라는 것이 아니라, '데이터 분석'에 얼마나 열의가 있는 사람인지, 데이터 분석가가 되기 위해서 어떤 경험을 했는지, 그리고 그 안에서 어떤 것들을 얻고 발전하고 있는지를 보여 주어야 하는 공간이다.

채용 공고를 올리고 입사 지원서를 받아 보면, 이런 식의 자기소개서가 적지 않게 들어온다.

"학교 다닐 때 조별 과제를 했는데 팀원들이 조장 맡기를 꺼려해서 제가 나서서 조장을 맡았습니다. 조장을 맡아서 열심히 하던 중 일부 조원들 간에 마찰이 생겨서 힘든 시기를 보냈지만, 저의 중재로 잘 마무리가 되었고, 결국 다 같이 A학점을 받았습니다. 그 인연으로 아직까지 그 친구들을 자주 만나며 좋은 관계를 이어오고 있습니다."

물론 이런 내용도 나쁘지 않다. **그런데 솔직히 차별적이지는 않다.** 지원자가 의도했던 '리더십이 있구나, 교우 관계가 좋구나' 하는 평가를 하기도 어렵다. 그래서 이런 방식의 자기소개서는 우리 회사에 들어올 만큼의 역량이 있는지, 혹은 발전 가능성이 있는지를 판단하는 기준이 되지 못한다.

대신 이런 내용으로 자기소개서를 작성하면 어떨까?

"저는 평소 게임을 무척이나 좋아하는데, 게임을 하다 보니 제가 하고 있

는 모든 활동이 데이터로 남겠다는 생각이 들었습니다. 그래서 게임 데이터를 분석하는 일을 해보면 굉장히 재미있겠다는 막연한 생각이 들어 데이터 분석을 공부하게 되었습니다.

그런데 6개월 동안 아카데미에서 파이썬과 SQL, 통계 등을 배우다 보니 정작 게임 데이터를 분석하는 기회를 갖지 못해 아쉬웠습니다.

그래서 제가 평소에 직접 즐겨하고 있는 귀사의 게임을 기반으로, 제가 하는 클릭 하나하나가 어떻게 데이터로 쌓일 수 있는지 메모를 해가며 혼자 공부했습니다. 그리고 데이터로 축적될 수 있는 항목이 정해진 뒤에는 챗GPT를 활용해 2만 건 이상의 데이터를 임의로 만들었습니다.

제가 상상으로 만든 데이터라 실제 데이터와는 확연히 다르겠지만, 혼자서 데이터를 만들고 분석하고 결과를 낸 경험이 저에게는 무척 소중했습니다. 아카데미에서 배운 분석 기법들을 게임 데이터에 직접 적용하며 어떤 분석 기법이 활용 가능하고 또 그렇지 못한지를 익혔습니다.

그리고 덧붙여, 분석된 결과를 활용해 유저들에게 어떤 이벤트를 진행하면 좋을지도 생각해 봤습니다. 만일 면접 기회가 주어진다면, 게임 회사 전문가 분들에게 냉철한 평가를 받고 싶습니다."

어떤가? 이렇게 자기소개서를 작성한 지원자가 있다면, 모집 공고상의 요건에 다소 못 미치더라도 면접에서 이야기해 보고 싶지 않겠는가? 면접은 이야기해 보고 싶은 지원자를 선택하는 과정이다.

자기소개서에는 **해당 회사를 지원한 명확한 동기**가 있고, **우리 게임을 잘 알고 있다는 어필**도 있다. 게임 회사들은 본인들의 게임을 즐겨 하거나, 혹은 해본 적이 있는 지원자를 뽑을 확률이 높다.

게임 산업의 데이터를 잘 이해하고 있다는 인상을 주는 내용들도 들어가 있다. 혼자 상상하고 터득한 데이터가 실제 데이터와는 다르겠지만, 데이터를 바라보는 관점과 식견을 전달한 것만으로도 충분히 성공적이다. 입사하면 우리 데이터를 잘 이해할 수 있겠다는 기대를 심어 줄 수 있을 것이다.

또한 분석에서 그치지 않고, 어떤 이벤트를 진행하면 좋을지까지 생각했다는 것은 **데이터의 활용성에도 관심이 많다는 것을 증명**한다. 데이터 분석은 혼자 분석하고 끝내는 직업이 아니다. 데이터 분석을 요구한, 데이터를 잘 모르는 부서와의 소통이 중요하다. 그리고 데이터 분석을 가장 많이 요구하는 부서는 대체로 마케팅 관련 부서일 것이다.

여기에 아래와 같이 실제 추출한 샘플 데이터를 추가하면 게임은 끝난 것이다.

	A	B	C	D	E	F	G	H	I
1	User ID	Game ID	Game Name	Session ID	Session Start Time	Session End Time	Action	Action Time	Device
2	user_101	game_1	Dragon Slayer	session_1234	2024-05-01 10:15	2024-05-01 12:45	achievement	2024-05-01 11:45	PC
3	user_202	game_2	Space Explorer	session_5678	2024-05-02 9:30	2024-05-02 10:15	login	2024-05-02 9:30	Console
4	user_303	game_3	Castle Defense	session_9101	2024-05-03 14:00	2024-05-03 16:00	purchase	2024-05-03 15:00	Mobile
5	user_404	game_4	Racing Mania	session_1121	2024-05-04 17:30	2024-05-04 18:30	login	2024-05-04 17:30	Tablet
6	user_505	game_5	Fantasy World	session_3141	2024-05-05 20:15	2024-05-05 22:45	achievement	2024-05-05 21:45	PC

▲ 챗GPT에서 추출한 게임 샘플 데이터

여기서는 게임 회사를 지원했을 때의 상황으로 예시를 들었지만 유통, 가전 등의 분야도 다르지 않다. **자신이 지원하는 회사에 얼마나 관심이 있고, 나름대로 어떤 활동들과 고민들을 했는지 전달하면 충분히 다른 지원자들과 다른 면모를 어필할 수 있다.**

포트폴리오

이렇게 자기소개서를 작성했다면, 포트폴리오에는 어떤 내용이 들어가야 하는가? 회사에서 어떤 내용들을 기대하게 될까?

여러분의 'Real Story'를 기대할 것이다. 어떤 분석 기법을 할 줄 알고, 어떤 대단한 분석 결과들을 도출했는지도 당연히 있어야 하지만, 당신이 실제 어떤 관점과 방식으로 접근했는지, 또 얼만큼 치열하게 했으며, 그 과정에서 어떤 것들을 깨달았는지를 보고 싶을 것이다. 이런 내용들이 충분히 들어간다면, 기술적인 부분은 남들만큼만 정리되어 있어도 된다.

정말 많은 지원자들이 기존에 학교나 아카데미나 공모전 등에 제출했던 리포트를 그대로 제출한다. 그대로 제출한 마음이 이해가 안 가는 것은 아니다. 좋은 평가를 받은 결과물일 테니 쉽게 손을 대기도 어려웠을 것 같다. 하지만, 그 '어딘가'와 회사는 다르다는 게 문제다.

아무리 작은 회사라도 1명의 지원자를 뽑을 때 적게는 10명, 많게는 50명에 가까운 이력서를 검토한다. 그리고 이력서를 검토하는 사람들은 늘 아주 바빠서 한 사람의 이력서, 자기소개서, 포트폴리오를 일일이 꼼꼼하게 검토하지 않는 경우가 많다. 그게 이력서라서가 아니다. 하루에도 수십 개씩 날아오는 메일이나 책상 위에 쌓인 서류들을 검토할 때도 항상 일관된 성실함을 갖기는 쉽지 않다.

회사의 문서 작성 기술들이 나날이 발전하는 데는 다 이유가 있다. 조금이라도 눈에 띄게 하기 위해서다. 데이터 분석가들 역시 데이터를 분석하는 스킬 못지않게 분석 결과를 효과적으로 전달하는 방법을 꾸준히 연구하는 게 그 이유다.

그러니 당신의 문서도 누군가의 눈에 띄려면 아주 많이 다듬어야 한다. 포트폴리오 내용이 길다면, 서두에 1~2장의 요약 내용을 담고, "그래서 전체 보고서 내용은 이렇습니다."는 식으로 뒤에 전문全文을 배치하는 게 좋다.

자기소개서나 이력서와의 연결성을 갖고 가는 것도 좋은 방법이다. 사람들은 보통 이력서나 자기소개서를 먼저 보기 때문에 포트폴리오를 눈여겨볼 만한 팁을 남겨 두면 면접을 볼 가능성이 높아진다.

또한 ① 어떤 분석 기술을 배웠고 사용할 수 있는지와 그 분석을 통해 ② 어떤 결과를 얻었고, 아쉬운 점은 무엇인지 등은 서로 다른 얘기이니 구분해 정리하는 게 좋다. **개인적으로는 ①보다는 ②를 어필하는 게 더 좋다고 생각하지만, 이건 회사마다 다를 수 있으니 참고만 해두자.**

구직자가 어떤 기술을 익혔다고 해도 막상 현업에서 보기에 "이런 것도 할 줄 알아?"라고 할 만한 것들은 많지 않다. 신입 직원들은 말할 것도 없고, 경력직이라고 하더라도 데이터 분석에서 활용되는 기법들의 차이가 그렇게 크지 않기 때문이다.

조별 과제로 진행한 것을 제출할 때는, 본인이 어떤 부분을 담당했는지를 명확하게 구분해서 정리해 주는 게 좋다. 가끔 혼자 다 작성한 것처럼 정리해 놓거나 면접에서도 그렇게 이야기하는 경우가 있는데, 그런 경우 어차피 문답이 오가는 과정에서 드러나기 마련이다. 애초에 구분해서 정리해 놓으면 곤란한 질문을 받을 일도 없을 것을, 굳이 포장하는 과정에서 위험을 감수할 필요는 없다.

스스로 담당한 부분이 너무 미미해서, 구분해 정리하기가 민망하다고 할지도 모르겠다. 하지만 과제에서 담당한 부분이 많건 적건 어차피 현업에서 보기에는 비슷비슷하다. 그리고 정 걱정이 되면 '어딘가에' 제출했던 과제를 그대로 제출하지 말고 본인이 했던 부분을 강조하는 방식으로 다시 작성해서 제출하자.

'파일명' 신경 쓰기

또 한 가지 강조하고 싶은 게 '파일명'이다. 사실 회사에서는 파일명만 봐도 열어 보고 싶지 않은 파일이 존재한다. 그만큼 파일명에 예민한 경우가 의외로 많다. 원래 회사라는 곳이 작은 형식에도 얽매이도록 훈련받는 곳이다.

이력서를 제출하고 난 다음의 과정을 상상해 보자. 이력서를 메일로 보내거나 사이트에 업로드한다. 인사팀 담당자가 우선 부서별로 폴더를 만들고 이력서, 자기소개서, 포트폴리오를 다운로드받아서 정리한다. 그리고 개별 팀에서 공지한 요건에 해당하는 지원자들을 추려서 각 팀으로 전송한다. 각 팀에서는 면접을 볼 인원들을 추려서 다시 인사팀에 전달한다. 그렇게 추려진 대상자들을 기준으로 인사팀에서는 면접 의향을 묻는 절차를 가진다.

이 과정에서 가장 귀찮은 작업이 무엇일까? 인사팀에서 각 지원자들의 파일을 정리하는 일이다. 이때 파일을 정리하는 기준은 무엇일까? 지원자 이름, 지원 부서, 지원 날짜, 지원 서류 구분 등이다. 회사마다 혹은 담당자 성향에 따라 파일을 정리하는 기준이 다를 수는 있겠지만, 대체로는 저런 정보들을 활용해 정리할 것이다. 그렇다면 파일명에도 저런 내용들이 충분히 담겨 있어야 한다.

'박경하_데이터팀 지원_이력서_20240801' 같은 식으로 말이다. 이력서, 자기소개서, 포트폴리오 등 제출 서류의 파일명을 이런 식으로 동일하게 작성했다면 컴퓨터 폴더 안에서도 잘 정리가 될 것이다. 물론 담당자가 새로운 규칙으로 파일명을 바꿀 수는 있겠지만 아마 속으로 **"이 친구는 자세가 되었군."** 하고 흡족해할지도 모른다.

이런 것들이 당락에 영향을 미치냐고? 당연하다. 사람이 하는 일 아닌가. 믿지 못하겠다면, 당장 학교에 제출하는 과제 파일명을 신경 써서 바꿔 보자. 아마 학점이 달라질 것이다.

┃ 마무리하며 : 이제까지 우리가 배운 것들

'직업병'이라는 말이 있다. 그 직업을 오래 가지고 있으면서 습관이 되어 버린 탓에 나도 모르게 일상 속에서 하게 되는 '직업적 행동'이라는 의미다. 아나운서들은 발음이나 오타에 민감하고 기자 분들은 질문하거나 잘 듣는 것에 특화되어 있다. **데이터 분석가로서 필자의 직업병은 세상을 데이터로 보는 것이다.** 수치에 민감하고 논리적인 것에 예민하다.

데이터 분석가가 되면 어떤 직업병을 갖게 될 것이라는 얘기를 하려는 게 아니다. 그건 사람마다, 또 경험에 따라 다르게 나타날 것이다. 필자가 얘기하려는 건, 직업병을 누구나 가질 수 없다는 것이다. 직업병은 직업에 몰두한 사람만이 가질 수 있는 특권이다.

어떤 사람이 데이터 분석가라는 직업에 어울릴까에 대해 생각해 본 적이 있는데, '치열하게 생각할 줄 아는 사람'이라고 결론을 내렸다. 데이터 분석가 직무로 취업하는 것은 누구나 어떤 기회로 할 수 있는 것이다. 그런데 **필자가 만나 본 뛰어난 데이터 분석가들은 모두 데이터에 대한 '갈증'이 있었다.**

갈증과 치열함은 맞닿아 있다. 갈증이 있어야 치열해질 수 있으니까. 그러니 갈증과 치열함은 데이터적 사고의 근간이 된다.

이 책에는 **'데이터 분석 기술'과 '접근 방식' 및 '보고서 작성 방법' 그리고 '챗GPT를 활용하는 방법'** 등 다양한 요소들이 소개되어 있지만, 가장 하고 싶은 이야기는 여전히 분석 기술에 얽매이지 말고, 분석 관점에 집중하라는 것이다.

데이터를 분석하는 기술이 중요하지 않다는 게 아니다. 그건 기본값이다. 새로운 기술이 나오면 당연히 연마하고 체화해야 한다. 그런데 기술의 진화 과정을 보면, 누가 그 기술에 대해 더 많이 알고 있는지를 매우 중요하게 생각하고 평가하는 시대는 생각보다 길지 않다. 아마도 기술의 큰 특징 중 하나인, 누구도 기술을 독점할 수 없다는 점 때문일 것이다. 우리가 배우는 모든 기술은 어차피 머지 않아 공유되며, 또 공유되어야 시장이 커지는 게 당연한 수순이다.

코딩을 열심히 배워서 회사에 들어가면, 자신이 알고 있는 코드로 데이터를 분석하는 일보다 회사에서 공유해 준 기법들을 익혀서 사용하는 일이 훨씬 더 많다. 마치 '데이터 분석을 하는 방법'이라는 족보가 존재해서 알음알음으로 서로가 돌려보며 일을 해 나가고 있는 것처럼 느껴진다. 그리고 그 족보는 회사에서 가장 코딩을 잘 하는 누군가가 회사를 거쳐가면서 주기적으로 업데이트해 놓는다. 나만 아는 데이터 분석 기법이라는 것이 존재하기는 거의 불가능하다는 말이다.

그래서 이 책을 읽는 독자 분들은 적어도, 데이터를 분석하는 기술 자체를 수련하는 데 목적을 두지 말고, 방법에 상관없이 데이터를 궁금해할 줄 아는 마음을 갖는 것에 더 집중했으면 좋겠다. 그래야 뛰어난 데이터 분석가가 될 수 있다.

회사 생활 틈틈이 오랜 시간 공들여 쓴 책이지만, 돌아보니 아쉬움이 많이 남는다. 아직도 해야 할 이야기가 정말 많은데, 곳곳에 조금이라도 잘 녹여 냈는지 끊임없이 들춰보게 되고, 그 과정에서 혹여 실수한 부분은 없는지 마음을 졸였던 게 여러 날이었다. 하지만 지금은 그저, 이런 소회와는 무관하게 누군가에게 조금이라도 도움이 되는 책으로 남기를 바라는 중이다.

책을 구매해 주신 분들 그리고 끝까지 읽어 주신 분들께 감사드리며, 여러분들의 앞날에 스스로를 탓하지 않는 시간이 점점 많아지기를 바랍니다.

또한, 데이터 분석에 대해서 궁금한 점이나 함께 나누고 싶은 얘기가 있다면 다음의 채널들에 한 번씩 방문해서 소통을 이어 나갈 수 있으면 좋겠습니다.

- **브런치** : https://brunch.co.kr/@maven
- **유튜브** : 레비스탈(https://www.youtube.com/@levistyle2211)
- **네이버 카페** : 레비스탈의 빅데이터 포털(https://cafe.naver.com/dataportal)
- **온라인 강의** : 코멘토 〈현직 빅데이터 분석가와 함께하는 "실전 분석 역량" 기르기〉
- **엠포스 데이터랩** : 다양한 무료 분석 보고서 공유(http://bigdata.emforce.co.kr/)

최종 보고서 다운로드   박경하 브런치   레비스탈 유튜브   엠포스 데이터랩

2024년 어느 새벽에,

박경하 드림

기초 분석부터 보고서 작성까지

1판 1쇄 인쇄 2024년 9월 10일
1판 1쇄 발행 2024년 9월 20일

———

지 은 이 박경하
발 행 인 이미옥
발 행 처 디지털북스
정   가 17,000원
등 록 일 1999년 9월 3일
등록번호 220-90-18139
주   소 (04997) 서울 광진구 능동로 281-1 5층 (군자동 1-4, 고려빌딩)
전화번호 (02) 447-3157~8
팩스번호 (02) 447-3159

———

ISBN 978-89-6088-466-3 (93000)
D-24-14
Copyright ⓒ 2024 Digital Books Publishing Co,. Ltd

DIGITAL BOOKS
디지털북스